Ein Plädoyer für die Mehrheit

S[illegible] Röser

Viel Spaß beim Lesen!

Ihre [illegible] Röser

SARNA RÖSER

EIN PLÄDOYER FÜR DIE MEHRHEIT

Innovation oder Ideologie:
In welchem Deutschland
wollen wir leben?

PLASSEN
VERLAG

Coverfoto: Evelyn Dragan
Gestaltung Cover: Daniela Freitag
Gestaltung, Satz und Herstellung: Timo Boethelt
Vorlektorat: Elke Sabat
Korrektorat: Egbert Neumüller
Konzeptionelle und redaktionelle Mitarbeit: Michael Ehlers, Thomas Meyer, DIE JUNGEN UNTERNEHMER
Druck: CPI books GmbH, Leck, Germany

ISBN 978-3-86470-922-7

Bibliografische Information der Deutschen Nationalbibliothek:
Die Deutsche Nationalbibliothek verzeichnet diese Publikation in der Deutschen Nationalbibliografie; detaillierte bibliografische Daten sind im Internet über <http://dnb.d-nb.de> abrufbar.

BÖRSEN MEDIEN
AKTIENGESELLSCHAFT

Postfach 1449 • 95305 Kulmbach
Tel: +49 9221 9051-0 • Fax: +49 9221 9051-4444
E-Mail: info@plassen-buchverlage.de
www.plassen.de
www.facebook.com/plassenverlag
www.instagram.com/plassen_buchverlage

INHALT

WARUM ES DIESES BUCH BRAUCHT

© TV21

Sabine Christiansen

Endlich ein ideologiefreies Plädoyer für die Menschen, die dieses Land tagtäglich mit ihrer Arbeit am Laufen halten und nur ungläubig den Kopf über vermeintlich große Debatten zu Gendersternchen und Klimaklebern schütteln können. Endlich ein Plädoyer für ebendiese Mehrheit der Menschen, die sich eine vernunftgeleitete Politik wünscht, um unser Land voranzubringen und wirtschaftlich erfolgreich zu halten.

Familienunternehmerin Sarna Röser stellt sich mit ihrem Buch an die Seite dieser Mehrheit. Mit beiden Beinen fest auf dem wirtschaftspolitischen Fundament der sozialen Marktwirtschaft und mit dem Gemeinwohl im Blick geht sie die Herausforderungen unserer Zeit von Klimaschutz über Digitalisierung bis hin zur Chancengerechtigkeit an – und zeigt, dass es auch anders geht. Nämlich besser.

Sabine Christiansen ist Journalistin und Medienunternehmerin. Ihre Talkshow „Sabine Christiansen“ war die wichtigste und meistgesehene Politikdebatte im deutschen Fernsehen. Mit durchschnittlich sechs Millionen Zuschauern hatte ihre Sendung Einfluss auf die politische Diskussion in Deutschland. Inzwischen leitet sie ihre eigene Produktionsfirma und ist als Aufsichtsrätin aktiv.

© Dominik Osswald

Dr. Patrick Adenauer

Wirtschaft schafft die Voraussetzung für eine funktionierende Gesellschaft. Sie trägt ganz wesentlich dazu bei, dass unsere Demokratie stabil und die Politik handlungsfähig ist. Denn ohne erwirtschaftete Steuereinnahmen wären weder Investitionen in Bildung, Infrastruktur noch Klimaschutz möglich. Funktionierenden Umweltschutz gibt es nur mit Innovationen. Daher ist es elementar, dass Unternehmen in Deutschland gute Rahmenbedingungen haben und die Stimme der Wirtschaft artikuliert und wahrgenommen wird, wenn es um die Gestaltung unserer Zukunft geht.

Sarna Röser ist die Stimme der jungen Generation in Deutschland. Sie hat den Verband der Jungen Unternehmer als Gesicht des Deutschen Mittelstands geprägt wie wenige zuvor. Sarna Röser lebt den Dialog mit der Politik, ist Vorbild für Nachfolger und Gründer und kämpft dafür, dass der Wirtschaftsstandort Deutschland attraktiv bleibt. Mit diesem Buch legt sie den Finger in die Wunde und zeigt konkrete Lösungen auf, wie eine Politik zum Wohle der Gesellschaft und künftiger Generationen aussehen müsste.

Dr. Patrick Adenauer ist Unternehmer und Enkel des ersten deutschen Bundeskanzlers Konrad Adenauer. Er ist unter anderem Präsident des Family Business Network (FBN) Deutschland e. V., Vizepräsident von DIE FAMILIENUNTERNEHMER und Mitglied der Ludwig-Erhard-Stiftung.

© Christina Riedl

Christoph Werner

Wer im Ausland gelebt hat, weiß, mit welcher Bewunderung viele Menschen auf unser Nachkriegsdeutschland schauen. Die Prosperität unseres Landes verdanken wir dem großen Wurf des Grundgesetzes und der Entscheidung für die soziale Marktwirtschaft. Säulen des Erfolgs wurden die unternehmerische Einsatzbereitschaft der Bürgerinnen und Bürger, ein gesundes Empfinden für soziale Verantwortung und eine klare Vision für ein in Frieden geeintes Deutschland. Doch was ist unsere fortschrittliche Vision für Deutschland seit der friedlichen Wiedervereinigung und für die nächsten Jahrzehnte?

Sarna Röser legt als Unternehmerin mit ihrem Buch den Fokus auf Ideen, wie Deutschland wieder Selbstvertrauen finden und die Herausforderungen unserer Zeit als Chancen nutzen kann. Sie leistet einen Diskussionsbeitrag, um wieder in die Manege eines unbefangenen Ideenwettbewerbs zu steigen und Lust auf Zukunft zu gewinnen.

Christoph Werner ist Familienunternehmer und Vorsitzender der Geschäftsführung von dm-drogerie markt. Vor Eintritt in das von seinem Vater 1973 gegründete Unternehmen arbeitete er 15 Jahre im Ausland bei L'Oréal und GlaxoSmithKline. dm ist in 14 europäischen Ländern erfolgreich tätig.

TEIL 1

WARUM WIR REDEN MÜSSEN

Über Scheinriesen

Bei der letzten Bundestagswahl im Jahr 2021 haben 23,4 Prozent aller Wahlberechtigten in Deutschland keine Stimme abgegeben. Fast ein Viertel der wahlberechtigten Deutschen. Und sie sagen damit: Macht euer Ding allein. Diesen Menschen ist unser politisches System nicht einmal ein „Euch zeig ich's!" wert. Sie wählen nicht, weil sie das Gefühl haben, dass ihre Stimme sowieso nicht zählt. Oder sie wählen nicht, weil sie in unserem politischen System niemanden finden, der ihre Überzeugungen angemessen repräsentiert. Aber Demokratie ist ein Ringen um den richtigen Weg. Und sie funktioniert umso besser, je mehr Menschen dabei mitmachen.[1] Angesichts der aktuellen Lage scheinen viele Menschen resigniert zu haben. Das ist nicht nur schade, sondern auch schädlich für unsere Gesellschaft. Es muss unser aller Aufgabe sein, diese Gruppe wieder für dieses Land zu begeistern. Denn es gibt sehr viele Dinge, für die es sich lohnt, mit Inbrunst zu kämpfen – für unser Land, für unsere Erfolge und unsere Zukunft! Für eine freie und gerechte Gesellschaft. Für unsere Werte. Für Demokratie. Für unseren Wohlstand. Für eine lebenswerte Zukunft und die Bekämpfung des Klimawandels. Wenn wir an diesen Herausforderungen scheitern, ist alles andere umsonst.

Wir müssen darüber streiten, wo wir als Gesellschaft hinwollen, und wir müssen darüber streiten, wie wir unsere Ziele erreichen wollen. Aber das tun wir eben nicht! Nicht da, wo es wirklich wehtun würde. Diskussionen zur Steuergerechtigkeit, Diskussionen zur kollabierenden Altersvorsorge und zum siechenden Bildungsbereich werden im öffentlichen Diskurs übertönt vom Streit um identitätspolitische Glaubensfragen. Wir verlieren uns in Kleinkriegen über Gendersternchen, den erlaubten Zuckergehalt von Limonaden und darüber, wie viele Geschlechter es zukünftig geben soll.

Dabei geht es eigentlich um die entscheidende Frage, mit welchem Staatsverständnis und welcher Gesellschafts- und Wirtschaftsordnung Deutschland eine gute Zukunft hat. Es geht darum, ob wir den staatlichen Einfluss weiter ausbauen; ob wir bei Investitionen nur noch an die öffentliche Hand und nicht an die private Wirtschaft denken. Fragen rund um Digitalisierung, Arbeitskräftemangel, Bildung, Energie, Klimaschutz sind keine Zukunftsthemen mehr, sondern müssen jetzt, auch im Sinne der nächsten Generationen, beantwortet werden.

Die Frage ist, warum wir die drängenden Fragen unserer Zeit nicht konzentriert und lösungsorientiert in all ihrer Komplexität angehen. Warum leisten wir uns, wie Markus Lanz es im Frühjahr 2023 sehr gut ausdrückte, die intellektuelle Faulheit, nicht wirklich hinzuschauen, wo die Ursachen unserer Probleme liegen? Ich möchte den Ausdruck „intellektuelle Faulheit" sogar noch ergänzen – um intellektuelle Feigheit. Denn Probleme analysieren ist das eine, die Umsetzung von Lösungen nochmals etwas anderes. Wir jedoch scheitern aufgrund unserer selbst auferlegten Denk- und Sprechverbote als Gesellschaft aktuell ja bereits an der sachlichen Analyse. Wie sollen wir Probleme rund um die Migrationspolitik lösen, wenn bereits das Benennen derselben im Netz und in Teilen der Medien mit der Nazi-Keule sanktioniert wird? Wie können wir um die besten Lösungen zum Klimawandel ringen, wenn man bereits für die Forderung nach Technologieoffenheit als „Klimaleugner" diffamiert wird. Wie können wir einen

Diskurs führen, wenn jedes Abweichen von der in vielen Bereichen als alternativlos vorgegebenen und deshalb „erlaubten" Meinung mit einem Shitstorm überzogen wird?

Ich bin davon überzeugt, dass es bessere Antworten auf die Zukunftsfragen Deutschlands geben muss. Für viele Bürgerinnen und Bürger wird ein Weiter-so unweigerlich zu Wohlstandsverlust unter Verbotsorgien führen. Dies träfe natürlich nicht im ersten Schritt die Entscheider im alimentierten Staatsdienst, sondern die Facharbeiter, Angestellten, Unternehmer, Familienmütter und -väter – und sehr viele aus unserer jungen Generation.

Die gute Nachricht ist: Diejenigen, die den demokratischen Streit um die besseren Argumente mit Moral und Lautstärke unterdrücken wollen, sind wie Scheinriesen.

Der Scheinriese ist eine Figur aus Michael Endes Kinderbuch „Jim Knopf und Lukas der Lokomotivführer". Je näher man dem Scheinriesen kommt, desto kleiner wird er. Was die entscheidenden Fragen um unsere Zukunft angeht, ist es genauso: Je genauer man die laut propagierten Antworten betrachtet, desto deutlicher wird ihre Untauglichkeit, die großen Fragen unserer Zeit zu beantworten.

Und noch etwas macht die Lauten zu Scheinriesen: Sie sind viel weniger, als ihre Lautstärke, ihre Reichweite und ihre Omnipräsenz in der Öffentlichkeit uns glauben machen. Angst ist im Umgang mit Scheinriesen deshalb die falsche Herangehensweise.

Ich bin davon überzeugt, dass – genau wie ich – sehr viele Menschen in diesem Land die Rückkehr der Vernunft herbeisehnen. Eine Mehrheit, die sich die Rückkehr zu einer ideologiefreien, lösungsorientierten Politik wünscht. Eine Mehrheit, die mit einer immer stärkeren staatlichen Einmischung in ihr Privatleben nicht einverstanden ist. Eine Mehrheit, die ihre Kinder gern selbst erziehen möchte. Eine Mehrheit, die kulturelle Vielfalt zu schätzen weiß, die aber nicht für ihre eigenen Werte und für ihre Herkunft beschämt werden will. Eine Mehrheit, die sich wünscht, dass Probleme beim Namen genannt werden, um sie effektiv lösen zu können. Eine Mehrheit, die in Frieden mit ihren Nachbarn leben möchte und die weiß, dass es staatliche Autorität ist, die diesen Frieden garantiert. Die sich wünscht, dass der Staat sich auf seine Kernaufgaben konzentriert und sie ansonsten in Ruhe lässt.

Ich spreche von den vielen Menschen in diesem Land, die Bewährtes bewahren und das, was sich als untauglich für die Herausforderungen der Gegenwart erweist, über Bord werfen wollen, um Platz zu machen für innovative Lösungen. Menschen, die sich wünschen, dass der Staat die strukturellen Voraussetzungen für ein gutes Leben schafft, die aber keinen Staat wollen, der über intensivste Lenkung und Moral die Lösung von strukturellen Problemen auf die individuelle Ebene abwälzt. Menschen, die wissen, dass die Frage, ob sie mit 100 oder 160 km/h zu einem Kundentermin fahren, kaum Einfluss auf das weltweite Klima hat.

Diese Menschen gibt es in allen Parteien und allen Lagern auf dem Boden unserer Verfassung. Natürlich wird es immer Ränder geben, die nicht mitmachen wollen, die Narrensäume aller politischen Organisationen. Diese können wir nur einladen, umzukehren.

Was wir anderen, denen Vernunft und eine lösungsorientierte Herangehensweise etwas bedeuten, dazu jedoch hinter uns lassen müssen, ist ein betoniertes Lagerdenken. Verabschieden wir uns doch einfach von dem Glauben, dass vermeintliche moralische Überlegenheit gleichbedeutend ist mit besseren politischen Entscheidungen. Recht haben kann auch die andere Seite. Verlassen wir unsere Meinungsburgen, in die wir uns durch die Flut von „Nebenkriegsschauplätzen" drängen lassen, und suchen wir stattdessen die besten Argumente für eine tragfähige und lebenswerte Zukunft.

Um es ganz deutlich zu machen: Weil Sie sich konsequenten Klimaschutz wünschen, müssen Sie nicht gendern. Ihr Wunsch, dass der Staat alles dafür tut, dass Sie nachts sicher nach Hause gehen können, macht Sie nicht zu einem Rechten; ebenso wenig wie der Wunsch nach einer geordneten Einwanderungspolitik, der im Übrigen völlig widerspruchsfrei mit dem ehrlichen Wunsch nach guten und verstärkten Integrationsmaßnahmen für die Willkommenen einhergehen kann.

Dass Sie Geld verdienen und sich eine sichere Zukunft für sich und Ihre Familie erarbeiten möchten, dass Sie stolz auf Ihre Leistung sein wollen, ist nicht verwerflich, sondern Grundlage von Innovation und Wohlstand. Es ist der Treibstoff dieser Gesellschaft. Ich weiß das, denn auch ich bin einer dieser Menschen. Und ich treffe täglich Menschen, die unter dem aktuellen politischen Klima und den Entscheidungen, die dieses Klima hervorbringt, leiden. Die es leid sind, dass nur noch die Lauten gehört werden, und die gern auch die Leiseren hören würden, auch wenn das Hinhören anstrengender ist: Angestellte, Arbeiter und Unternehmer.

Im Frühjahr 2023 sind es so viele Menschen, dass ich davon überzeugt bin, dass wir die Mehrheit in diesem Land sind.

Dieses Buch ist Einladung und Aufforderung zum Engagement zugleich. Es ist meine Sicht der Dinge als junger Mensch, Frau und Unternehmerin. Es sind meine Wünsche und Vorschläge für eine bessere Zukunft. Ein Plädoyer für eine vernunftgeleitete Politik, von der unser Land und unsere Gesellschaft in ihrer Gesamtheit profitieren würden.

Ein Plädoyer für die Mehrheit.

Über Nebenkriegsschauplätze

Kein aktuelles „Debattenbuch" kommt ohne Verweise auf ebenso medien- wie öffentlichkeitswirksame Aufregerthemen aus wie Gendern, Identitätspolitik, Feminismus, Rechtspopulismus, den öffentlich-rechtlichen Rundfunk ...

Auch ich nehme die Diskussionen darüber natürlich wahr, die aus meiner Sicht abgekoppelt stattfinden von der Lebensrealität der Mehrheit der Menschen in diesem Land. Diese Themen sind jedoch nicht meine Spezialgebiete, und ich streife sie deshalb in den nächsten Kapiteln nur dort, wo ich der Überzeugung bin, dass sie mein Anliegen nicht fördern beziehungsweise diesem im Wege stehen. Die Art, wie und wo wir miteinander reden, ist zum Beispiel so ein Thema.

Ich bin – ich werde mich Ihnen noch genauer vorstellen – Unternehmerin und keine Soziologin oder Politologin. Ich bin in der Wirtschaft zu Hause. Als Unternehmerin erschien es mir nicht zielführend, ein weiteres Buch auf den Meinungsmarkt zu bringen, das die Leser in Zustimmung oder Ablehnung noch enger an das eigene Lager fesselt. Denn nur darum geht es aus meiner Sicht bei diesen Debatten. Sie dienen nicht dazu, eine Lösung oder eine gemeinsame Haltung herauszuarbeiten, sondern sie dienen der Abgrenzung von „den anderen" und der eigenen Selbstvergewisserung, der bessere Mensch zu sein.

Viel wichtiger als der Inhalt erscheint aus dieser Sicht, wer etwas sagt und wer wem zustimmt – oder wer von wem Zustimmung erhält. Besonders Letzteres ist ein Problem. Denn ich kann mir nicht in jedem Fall aussuchen, von welcher Seite ich Beifall bekomme.

Die Fragen, die den Inhalt der Botschaft übertönen, sind: Auf welcher Seite steht der Sprecher? Ist er – unabhängig davon, wo wir uns selbst verorten – für oder gegen uns? Benutzt er die richtigen Codes? Nur wer diese Tests besteht, darf überhaupt darauf hoffen, dass seine Äußerung inhaltlich wahrgenommen wird, das heißt, dass sie im nächsten Schritt daraufhin überprüft wird, ob sie den aktuellen Sprachregelungen entspricht.

Es wird darum gestritten, ob und wie viel Fleisch auf den deutschen Teller darf und ob man mit dem Auto zur Arbeit fahren darf – und wenn ja, wie schnell.

Maßstab scheint nicht mehr eine gewisse, mit der Realität der Mehrheit der Menschen übereinstimmende Vernunft zu sein, sondern eine ganz besondere Moral. Was ich erlebe, ist, dass jemand der diesen Maßstäben nicht entspricht, sich darauf einstellen muss, dass jeder in der Öffentlichkeit getätigte Halbsatz auf die Goldwaage gelegt, jede jemals getroffene Entscheidung oder unglückliche oder überspitzte Äußerung hervorgeholt, zerpflückt und gegen einen verwendet wird.

In meinem Fall schreibe ich als Unternehmerin über Wirtschaftsthemen. Das macht mich rein quantitativ zu einer Minderheit beziehungsweise einer Vertreterin einer marginalisierten Gruppe, denn so viele gibt es von uns nicht. Tatsächlich ist es mein Ziel, dieses Lagerdenken mit lösungsorientierten Vorschlägen zu überwinden. Maßstab meiner Vorschläge ist das Gemeinwohl.

Das Gemeinwohl bezieht sich auf das Wohl der Gesellschaft als Ganzes im Gegensatz zu individuellen Interessen oder Gewinnen. Es bezieht sich auf das Interesse aller Mitglieder einer Gemeinschaft und darauf, dass alle Mitglieder eine angemessene Lebensqualität genießen können. Wichtig ist mir in diesem Zusammenhang, dass das Gemeinwohl langfristig gedacht wird. Es bezieht sich nicht nur auf das Hier und Jetzt, sondern denkt für die kommenden Generationen mit. Aus dieser Perspektive sind Nachhaltigkeit und Klimaschutz zentrale Elemente des Gemeinwohls.

Zu den wirtschaftlichen Aspekten des Gemeinwohls gehören die Förderung von Beschäftigung und nachhaltiges Wirtschaftswachstum sowie die Sicherstellung von fairem Wettbewerb. Soziale Aspekte des Gemeinwohls umfassen die Sicherstellung von sozialer Gerechtigkeit und Inklusion, die Förderung von Bildung und Gesundheit sowie die Bereitstellung von grundlegenden Dienstleistungen wie dem öffentlichen Verkehr, der Infrastruktur und der öffentlichen Sicherheit.

Politische Aspekte des Gemeinwohls beziehen sich auf die Förderung von Demokratie und Freiheit sowie auf die Einhaltung von Rechtsstaatlichkeit und Menschenrechten. Kulturelle Aspekte des Gemeinwohls umfassen die Förderung von Kunst, Kultur und Wissenschaft sowie den Schutz unseres kulturellen Erbes.

Das Gemeinwohl ist ein wichtiger Faktor für eine gerechte und nachhaltige Gesellschaft. Es ist die Verantwortung unserer Regierung, sicherzustellen, dass politische Entscheidungen im Einklang mit dem Gemeinwohl getroffen werden und dass alle Mitglieder der Gesellschaft in der Lage sind, von diesen Entscheidungen zu profitieren.

Ob Sie gendern und wie Sie gendern, ist dagegen Ihre Privatsache. Und solange es keine staatlichen Versuche der Sprachregulierung gibt, soll es mir recht sein. Ich persönlich finde, unsere Sprache ist kompliziert genug – auch ohne Gendersternchen und Unterstriche.

Bei einer aktuellen Umfrage des *WDR* zeigte sich, dass die Mehrheit der Befragten die Verwendung der ungegenderten Sprache im Internet und in Zeitungen bevorzugt. Mehr als die Hälfte der Befragten lehnt die Gendersprache im Radio, bei Podcasts und im Fernsehen ab. Auch der sogenannte Gendergap, das Pausieren innerhalb eines Wortes, findet nur den Zuspruch einer Minderheit. Die Mehrheit der Befragten lehnt sowohl die Verwendung von Symbolen wie Sternchen in schriftlicher Form als auch eine sprachliche Pause ab – insgesamt mehr als 67 Prozent. Frauen und Männer sind hier einer Meinung.[2] Ein klares Votum gegen staatliche oder halbstaatliche Sprecherziehung.

Diejenigen, die gendern möchten, können und dürfen das freiwillig gern tun. Doch trotz dieser Umfragewerte erleben wir beispielhaft, wie die Meinung der Mehrheit „ignoriert" wird: Im Studierendenparlament der Freien Universität Berlin (Stupa) zum Beispiel werden die Anträge der Mitglieder, die nicht in „gendersensibler" Sprache verfasst sind, einfach nicht mehr bearbeitet. Obwohl es bisher an keiner deutschen Universität eine offizielle Pflicht zum Gendern gibt, sind die Mitglieder in Berlin tatsächlich dazu „verpflichtet".

Das ist nur ein Beispiel von vielen. Doch was passiert, wenn sich ganze Bevölkerungsgruppen mehrheitlich überfordert oder von der Politik ignoriert fühlen? Sie resignieren.

Ich möchte in diesem Zusammenhang an den Moralphilosophen Philipp Schwind erinnern, der sagt, dass in der modernen Gesellschaft niemand übrig bleibe, „der den Maßstäben einer reinen Position, wie sie heute verstanden wird, genügt". Es ist in der heutigen Welt sogar „unmöglich, in allen Hinsichten so zu handeln, wie es ein moralisch vorbildlicher Mensch tun würde".[3] Sehr viele Dinge, die wir tun – tun müssen –, sind unter bestimmten Sichtweisen problematisch. Man dürfe deshalb nicht in einzelnen Fällen, die einem selbst besonders am Herzen liegen, von anderen mehr erwarten als in den übrigen Bereichen. Wir werden als Gesellschaft einen Weg finden müssen, wie wir mit all diesen Aufregerthemen in Zukunft umgehen. Maßgabe sollte dabei immer so wenig staatliche Regulierung wie möglich und so viel individuelle Freiheit wie möglich sein. Diese Freiheit wird dort begrenzt, wo sie die Rechte anderer verletzt. Auch ohne künstliche Aufregung und ohne dass einzelne Aktivisten aus ihrer Dauerempörung ein Geschäftsmodell machen, nehmen diese wichtigen

Diskussionen genug Raum ein. Ich spreche diesen Grundsatzdebatten also nicht ihre Relevanz ab, zumindest nicht primär. Aber dazu später mehr.

Natürlich habe ich eine persönliche Meinung zu vielen Themen, aber es ist (m)eine Meinung. Mehr nicht. Oftmals ist es ja so, dass die meisten Menschen so lange keine Meinung zu einem bestimmten Thema haben, bis sie danach gefragt werden. Dann bauen sie sich aus Hörensagen und einer Laune heraus einen Standpunkt zusammen. Und insbesondere in den sozialen Medien sind sie bereit, diesen vor zwei Minuten gebildeten Standpunkt bis aufs Blut zu verteidigen. Wie sinnvoll das ist, können Sie selbst entscheiden, denn ich bin mir sicher, auch Sie sind bereits in eine solche Diskussion geschlittert, sei es auf der Straße, am Abendbrottisch oder auf Facebook. Ich würde mich freuen, wenn wir uns öfter trauen würden zu sagen: Darüber habe ich noch nicht nachgedacht und mir noch keine Meinung gebildet.

Ehrlicherweise gibt es so viele Themen, dass es nahezu gar nicht anders geht, als sich auf die beschriebene Meinungsbildung zu verlassen. Nur möchte ich meine Meinungen zu Themenfeldern, in denen ich nicht wirklich zu Hause bin, nicht auch noch in Buchform pressen. Das überlasse ich den Expertinnen und Experten.

Wenn ich also von Nebenkriegsschauplätzen spreche, dann bedeutet das vor allem, dass ich andere Themen als wichtiger erachte. Ich bin nämlich davon überzeugt, dass wir ohne eine funktionierende Wirtschaft gar nicht mehr über andere Themen sprechen müssen. Ich möchte deshalb über Wirtschaftspolitik sprechen.

Wirtschaft schafft die Voraussetzungen dafür, dass wir uns überhaupt erlauben können, uns mit anderen Dingen zu beschäftigen. Insofern hat Wirtschaftspolitik nämlich doch Einfluss auf alle angesprochenen gesellschafts- und sozialpolitischen Themen. Ich glaube daran, dass eine starke Wirtschaft die Grundlage für eine erfolgreiche Sozialpolitik bildet. Denn eine florierende Wirtschaft schafft Arbeitsplätze, Wohlstand und Möglichkeiten für alle Bürger – und sie denkt nachhaltig. Eine erfolgreiche Wirtschaftspolitik bedeutet für mich, dass wir die richtigen Anreize setzen, um Investitionen und Innovationen zu fördern. Dazu gehören eine starke Infrastruktur, ein gutes Bildungssystem und sinnvolle Regulierungen beziehungsweise Deregulierungen.

Eine starke Wirtschaft bedeutet nicht, dass jeder automatisch erfolgreich ist. Umso mehr müssen wir uns dafür einsetzen, dass jeder eine Chance hat, seine Fähigkeiten und Talente zu entfalten. Dass und warum dies auch eine wirtschaftspolitische Notwendigkeit ist, werde ich im Verlauf der nächsten Kapitel erklären.

Zentrale Elemente der Wirtschaft sind unter anderem Unternehmen, Arbeitnehmer und die Politik. Unternehmen produzieren Güter und Dienstleistungen und schaffen Arbeitsplätze. Arbeitnehmer sind diejenigen, die Unternehmen zum Leben erwecken. Ohne sie könnten die cleveren Ideen von Unternehmern nicht in die Tat umgesetzt werden. Und sie sind diejenigen, die für diese Unternehmen Güter und Dienstleistungen produzieren. Sie erhalten im Gegenzug ein Einkommen, das sie für den Kauf von Waren und Dienstleistungen verwenden können. Die Regierung spielt eine wichtige Rolle bei der Gestaltung der Wirtschaft durch ihre Gesetze, Regulierungen und ihre wirtschaftliche und fiskalpolitische Politik. Regierungen sorgen auch für Infrastruktur, Bildung und andere öffentliche Güter, die zur Unterstützung der Wirtschaft beitragen. Das Geld, das sie dazu benötigen, bekommen sie in Form von Steuern vor allem von den Unternehmen und den Arbeitnehmern. Diese Elemente sind eng miteinander verbunden und beeinflussen sich gegenseitig. Eine erfolgreiche Wirtschaft erfordert ein ausgewogenes Verhältnis zwischen all diesen Elementen, um Wohlstand für das Gemeinwohl zu schaffen.

Sie und ich erwirtschaften unter den Rahmenbedingungen, die die Politik setzt, die Gelder, die die Politik ausgibt. Wir finanzieren gemeinsam sämtliche Arbeitsstellen im öffentlichen Sektor – und unsere Arbeit ermöglicht sämtliche Sozialausgaben, Bildungs- und Infrastrukturprojekte in diesem Land. Denn der Staat erwirtschaftet selbst kein Geld. Der Staat schafft die Rahmenbedingungen, in denen andere Geld verdienen können.

Erst wenn dieses Geld verdient ist, kann darüber diskutiert werden, wie und für was es ausgegeben werden soll. Diese Diskussion muss aber immer der zweite Schritt sein. Ich habe gelernt, einen Schritt nach dem anderen zu gehen. Und ich habe gelernt, mit dem ersten Schritt zu beginnen.

Über Werte und Wurzeln

Spätestens an dieser Stelle schulde ich einigen meiner Leserinnen und Leser wohl eine Erklärung. Wenn Sie sich bisher nicht für Wirtschaft und Unternehmensbelange interessiert haben, kennen Sie mich also vielleicht gar nicht so richtig und stellen sich deshalb zu Recht die Frage, was ausgerechnet mich berechtigt, Ansprüche zu stellen und meine Ideen für eine bessere Zukunft für unser Land in Buchform zu präsentieren. Warum sollten Sie ausgerechnet mir vertrauen?

Wer bin ich überhaupt, dass ich davon überzeugt bin, meine Einsichten (die ich Ihnen im zweiten Teil ausführlich vorstelle) seien so wertvoll, dass sie nicht nur gedruckt und gelesen, sondern im besten Fall auch umgesetzt werden sollten?

Ich bin Sarna Röser, geboren in Bietigheim-Bissingen in Baden-Württemberg, rund 25 Kilometer vor den Toren Stuttgarts, und aufgewachsen in einem kleinen Weinort namens Mundelsheim. Oder wie mein Vater immer so schön zu sagen pflegt: in Mundelsheim am Neckarknick. Der kleine Ort ist von Weinbergsteillagen geprägt und ist mit seinen circa 3.400 Einwohnern ein wunderbares Plätzchen Erde, um groß zu werden.

Ich bin neben vielen anderen Dingen Tochter eines Familienunternehmerpaars und Nachfolgerin eines in dritter Generation geführten Familienunternehmens. Ich bin mit dem Unternehmertum und allem, was dazugehört, groß geworden.

Außerdem bin ich selbst leidenschaftliche Unternehmerin. Ich finde Unternehmertum großartig. Gestalten zu können, Ergebnisse zu erreichen, Neues auszuprobieren. Diese Dinge gefallen mir und machen mir Spaß. Sie erfüllen mich. Mein Lieblingsmotto, das mich leitet? „Machen ist wie wollen, nur krasser."

Für diejenigen, die Wert auf eine abgeschlossene Ausbildung legen: Ich habe Internationale Betriebswirtschaftslehre in Stuttgart und an der Northumbria University studiert und ein Aufbaustudium im Bereich Corporate Social Responsibility an der Hochschule Luzern absolviert. Ich war schon immer politisch interessiert. 2018 entschloss ich mich, nicht nur über wirtschaftspolitische Themen zu reden, sondern auch zu handeln – und stellte mich als Bundesvorsitzende des Wirtschaftsverbands DIE JUNGEN UNTERNEHMER von DIE FAMILIENUNTERNEHMER zur Wahl. Ich wurde gewählt und vertrete seither über 1.500 junge Unternehmerinnen und Unternehmer in Deutschland. Branchenübergreifend und überparteilich. Die *Frankfurter Allgemeine Zeitung* nennt uns die „Stimme der jungen Unternehmer". Seit 2020 bin ich zudem als stellvertretende Vorsitzende der Ludwig-Erhard-Stiftung aktiv, die 1967 von Altbundeskanzler Ludwig Erhard gegründet wurde. Daneben bin ich Tochter, Schwester, Fan der Musik von Max Richter, Hans Zimmer und Mariana Secca und begeisterte, wenn auch aus Zeitgründen keine regelmäßige Läuferin.

Ich bin mir bewusst, dass die Startvoraussetzung, in einem Unternehmerhaushalt aufzuwachsen, ein Privileg ist, das mir meine Familie mitgegeben hat. Wir alle werden in diese Welt hineingeboren und nicht danach gefragt.

Es wäre natürlich Unsinn, zu behaupten, dass meine Herkunft mich nicht auf die eine oder andere Art geprägt hätte. Meine Familie hat mir

– und so geht es wohl den meisten von uns – ganz bestimmte Werte und Wertvorstellungen vermittelt. Wie jeder junge Mensch nahm ich einige davon an, gegen andere habe ich mich gewehrt und wieder andere sind so tief in mir drin, dass ich sie, ob ich will oder nicht, mit mir herumtrage und den größten Teil der Zeit gar nicht bemerke, wie sehr sie mich prägen. Dieses tief verwurzelte Erbe kennen Sie sicher auch, wenn Ihnen plötzlich und vielleicht mit Erschrecken auffällt, dass Sie im Gespräch auf einmal die gleichen Formulierungen verwenden wie Ihre Mutter oder Ihr Vater.

Erst wenn man, wie ich für dieses Buch, „gezwungen" ist, sich intensiv mit den eigenen Werten zu beschäftigen, wird deutlich, welche Wertvorstellungen einen selbst ganz besonders geprägt haben und wie sie sich auf das eigene Handeln und das eigene Denken auswirken. Und auch, wie sehr diese Werte die eigene Vorstellung von der Zukunft prägen.

Bevor ich Sie tiefer mit in die Welt der Werte mitnehme, die mir meine Familie mitgegeben hat, verrate ich Ihnen vorab zwei Dinge, die mich sehr geprägt haben und die mein Handeln bestimmen. Und die damit auch hauptverantwortlich für dieses Buch sind. Erstens: ein Bewusstsein für Verantwortung. Und zweitens: die Zuversicht, die Zukunft positiv gestalten zu können. Beides bedingt sich für mich. Denn wenn ich davon überzeugt bin, die Zukunft gestalten zu können, dann habe ich auch die Verantwortung, zu gestalten. Und diese Verantwortung schließt soziale Verantwortung mit ein. Seit 2009 bin ich in der Social Angels Stiftung engagiert, die meine Eltern 2007 als gemeinnützige Stiftung gegründet haben. Diese Stiftung ist für ihre Arbeit nicht nur vom Bundesministerium für Senioren, Frauen und Jugend als ein Leuchtturmprojekt Deutschlands ausgezeichnet worden, sondern sie hat es mir auch ermöglicht, bereits in jungen Jahren Lebenswelten, Mentalitäten und Prinzipien der Lebensführung kennenzulernen, die an mir in meiner eigenen Lebenswelt sonst leicht hätten vorbeigehen können. Sie hat es mir ermöglicht, mit Anfang 20 in die

Geschichten und Lebenswelten von älteren Menschen (darunter auch alte weis[s]e Männer) einzutauchen, die in der heutigen Zeit von einigen als Feindbilder abgestempelt werden. Diese alten weisen Männer waren es unter anderem, die mich in meinen jungen Jahren geprägt haben und mich gelehrt haben, was Wertschätzung, Respekt und Demut bedeuten. Und ich bin ihnen dankbar dafür.

Jetzt ist es Zeit, den nächsten Schritt zu gehen. Es ist Zeit, laut zu werden. Denn wenn ich die Möglichkeit habe, gehört zu werden, und dadurch helfen kann, unser Morgen zu gestalten, wie könnte ich mich dem heute verschließen?

Warum Mittelstand eine Haltung ist

Eine Haltung ist eine innere Grundeinstellung, die das Denken und Handeln einer Person prägt. Meine Haltung ist vom Unternehmertum geprägt. Und verantwortlich dafür sind vor allem zwei Menschen, die selbst gar keine Unternehmer sind: meine Großeltern.

Noch vor allem anderen ist das Entscheidende, was einen Unternehmer aus meiner Sicht auszeichnet, die Überzeugung, dass er Dinge durch sein Handeln verändern kann. Losgelöst von der wirtschaftlichen Definition des Begriffs ist eine Unternehmung nichts anderes als eine Tätigkeit, die ein bestimmtes Ziel hat. Ein Unternehmer glaubt daran, dass er dieses Ziel erreichen wird. Auf psychologischer Ebene nennt man diesen Glauben eine hohe Selbstwirksamkeitswahrnehmung. Denn der Unternehmer ist davon überzeugt, dass das, was er tut, die richtigen Ergebnisse hervorbringen wird. Auch wenn die Situation schwierig ist, gilt das Motto: Ich schaffe das schon!

Jeder, der ein Unternehmen gründet, jeder Handwerker, der sich mit einem Betrieb selbstständig macht oder sich eine Existenz als Soloselbstständiger aufbaut, muss diesen Glauben haben, der sich auf Mut und Zuversicht gründet.

Für Kinder ist es eine Unternehmung, sich das erste Mal allein auf den Schulweg zu machen oder eine Besorgung für die Familie zu erledigen. Wenn sie beispielsweise das erste Mal losgeschickt werden, samstags oder sonntags die Brötchen für das Frühstück zu holen, dann geben ihre Eltern ihnen nicht nur das nötige Kleingeld, sondern vor allem den Zaghaften auch Mut mit auf den Weg: Das schaffst du schon.

Aber woher kommt dieser Mut? Wir alle können zunächst nur das weitergeben, was wir mitbekommen haben. Von denjenigen, die wir lieben und die hoffentlich uns lieben: von unserer engsten Familie. Unsere engsten und frühesten Bezugspersonen sind es, die uns prägen: Eltern, Großeltern, Lehrer und Ausbilder. Aber natürlich sind auch all diejenigen, die sich ehrenamtlich für junge Menschen engagieren, auf dem Sportplatz, in der Turnhalle, in der Musikschule oder der Freiwilligen Feuerwehr, dafür verantwortlich, der nächsten Generation genau das zu vermitteln: Du kannst das! Du schaffst das! Auch wenn es schwierig wird. Und wenn es dieses Mal nicht funktioniert, dann beim nächsten Mal.

Diese Menschen bringen uns bei, wie wir großen und kleinen Herausforderungen begegnen, denn wir glauben ihnen und verinnerlichen ihre Botschaft. Wenn uns jedoch von Anfang an beigebracht wird, dass Probleme unüberwindbar groß sind oder dass wir zu dumm und zu klein sind, um Dinge durch unser eigenes Handeln zu ändern, müssen wir als Heranwachsende und oft auch noch als Erwachsene hart daran arbeiten, diese Fehlprägung zu überwinden. Wenn uns jedes „Problem" und jede Entscheidung abgenommen wird, werden wir diese Grundhaltung unser Leben lang behalten – wenn wir nicht an uns arbeiten. Für diese Menschen sind immer die anderen schuld, wenn sie ihre Ziele nicht erreichen. Dass sie selbst für diese Ziele arbeiten müssen und dass sie ihre Ziele aus eigener Kraft erreichen können, kommt ihnen gar nicht mehr in den Sinn.

Ich glaube daran, dass man Dinge verändern kann und dass mein Handeln die Zukunft positiv beeinflussen wird. Diesen Glauben haben mir meine Großeltern mitgegeben, die Eltern meiner Mutter.

Meine Eltern lernten sich über Freunde kennen. Mein Vater studierte noch, meine Mutter hatte ihr Studium bereits abgeschlossen. Vier Tage nach ihrem Kennenlernen beschlossen sie, zu heiraten. Die Ehe hält seit über 37 Jahren. Glücklich. Es war die eine richtige Entscheidung im Leben. Während ich die Mutter meines Vaters leider gar nicht mehr und seinen Vater, der das Unternehmen in zweiter Generation führte, nicht bewusst kennenlernen durfte, hatte ich das große Glück, nicht nur meine Eltern, sondern auch diese beiden ganz besonderen Menschen an meiner Seite zu haben. Für mich haben meine Großeltern mütterlicherseits schon immer eine große Rolle gespielt, weil sie von Anfang an, seit ich klein war, und bis heute sehr viel Zeit mit mir verbringen. Als Kind war ich häufig für mehrere Tage oder auch für mehrere Wochen am Stück bei ihnen, was keine spektakuläre Reise darstellte, weil sie nicht weit von meinem Heimatort entfernt wohnen, was aber als Kind natürlich aufregend war. Wir verbrachten Feiertage, ganz besonders die Weihnachtsfeiertage, und ganze Urlaube regelmäßig zusammen. Ich muss circa sechs Jahre alt gewesen sein, als am Morgen des Heiligabends das Telefon klingelte und meine Großeltern ankündigten, dass sie es dieses Jahr vermutlich nicht schaffen würden, den Heiligen Abend bei uns zu verbringen. Ein Schneesturm hatte die Region lahmgelegt.

Für mich brach damals eine Welt zusammen. Voller Trauer und Wut über den Schneesturm, der meine Großeltern abhielt, Weihnachten mit uns zu feiern, verbarrikadierte ich mich weinend in meinem Kinderzimmer. Ich war fest entschlossen, ohne Oma und Opa kein Weihnachten zu feiern. Niemals! Doch dann am späten Nachmittag klingelte es plötzlich an der Tür. Und da standen sie. Meine Großeltern hatten trotz scheinbar unüberwindbarer Hindernisse (und unvernünftigerweise) die Fahrt durch den Schneesturm auf sich genommen. Diese Überraschung war das schönste Weihnachtsgeschenk und eine Liebeserklärung von ihnen, die ich in Erinnerung habe. Und heute als Erwachsene weiß ich, dass sie die Strapazen dieser Fahrt nur für mich auf sich genommen haben.

Meine Großeltern hatten im Krieg wie viele Deutsche alles verloren und mussten in den Aufbaujahren komplett von Neuem beginnen, einen neuen Platz zum Leben finden und ein Haus bauen. Und das taten sie. Wenn ich sie heute – sie sind mittlerweile 94 und 98 Jahre alt und seit über 72 Jahren verheiratet – besuche, erzählen sie mir immer wieder Bruchteile von früher. Der Bau des Hauses, an dem jedes Familienmitglied nach der Arbeit mitwirkte, das Sparen und die sorgfältige Planung. Aus dieser Erfahrung heraus haben sie mir schon in frühen Jahren beigebracht, dankbar zu sein für das, was man hat. Dass hinter Erfolgen harte Arbeit, Fleiß und Schweiß stehen – und dass man nichts geschenkt bekommt. Aber auch, dass sich diese harte Arbeit am Ende lohnt.

Die Liebe und die Wertschätzung, die in unserer Familie bestimmend waren und sind – und die auch das Verhältnis zu meinen Großeltern prägen –, betrachte ich als mein eigentliches Privileg.

Dass ich selbst irgendwann einmal in das von meinem Urgroßvater gegründete Unternehmen einsteige, war damit nicht vorgezeichnet. Denn „das Unternehmen“ spielte lange Zeit keine Rolle in meinem Leben, auch wenn sich natürlich die Gespräche am Familientisch manchmal ums Geschäft drehten und ich später registrierte, dass es in meiner Schule Kinder gab, deren Eltern bei „uns“ arbeiteten.

Selbst meinen Studienzweig wählte ich noch unter der Prämisse aus, mir eine Entscheidung, in welche Richtung es mal gehen soll, möglichst lange offenhalten zu können. Bereits zu Beginn des Studiums merkte ich allerdings, dass mich die Firma mehr und mehr zu interessieren begann. Wie funktionierte das alles überhaupt und warum? In diesem zunächst schleichenden Prozess suchte ich erstmals den Austausch mit Gleichgesinnten. Aber natürlich gab es unter meinen Studienkollegen in Stuttgart nicht viele, die in der gleichen Situation waren wie ich und die die Option hatten, nach ihrem Abschluss in ein Familienunternehmen einsteigen zu können – in welcher Form auch immer.

Ich kann mich noch sehr gut erinnern, als ein Freund der Familie, auch er wie mein Vater Unternehmer, mir vorschlug, ihn zu einem

Unternehmertag der Jungen Unternehmer in Frankfurt zu begleiten. Ich wusste nicht, was mich dort genau erwartet und ob ich da überhaupt hinpasste. Ich hatte vorher noch keine großen Erfahrungen mit „anderen" jungen Menschen gemacht, die auch aus Unternehmerfamilien kommen. Aber wer nicht wagt, der nicht gewinnt. Wir kamen also nach einer eineinhalbstündigen Autofahrt von Mundelsheim nach Frankfurt dort an. Der Saal war voll: über 300 junge Menschen aus allen Ecken Deutschlands, viele mit den gleichen Fragen wie ich. Andere waren schon weiter, hatten sich bereits entschieden, ins Familienunternehmen einzusteigen, manche waren bereits in der Geschäftsführung. Das war der Startschuss für mich, in die Welt der Familienunternehmen und der Nachfolge einzutauchen. Beflügelt und inspiriert von den vielen neuen Impulsen, die ich nach meiner Rückkehr aus Frankfurt zu Hause mit meiner Familie teilte, beschlossen meine drei Jahre jüngere Schwester und ich, diese Erfahrungen ab sofort gemeinsam zu machen. Denn auch sie war, wie ich, von klein auf mit dem Unternehmertum aufgewachsen. Uns verbinden nicht nur das Schwestern-Sein und die Familie, sondern auch die gemeinsamen Werte, die Überzeugungen und eine tiefe Verbundenheit und Freundschaft. Und ich bin sehr dankbar dafür, dass ich sie immer an meiner Seite habe.

Ich habe festgestellt, dass dieses und auch weitere Treffen für mich auf meinem Weg der Entscheidungsfindung bereichernd und wegweisend waren. Ich habe mich von diesen Treffen regelrecht inspirieren, motivieren und begeistern lassen. Auch wenn ich mir manchmal die Frage stellte, ob ich es selbst auch einmal schaffen könnte, in unserem Familienunternehmen als Chefin nachzufolgen. War ich auch so ein Unternehmertyp? Hätte ich das Zeug dazu? Unabhängig davon, dass ich mir damals über vieles noch nicht im Klaren war, habe ich bei diesen Treffen festgestellt, dass das Unternehmertum einem jungen Menschen unglaublich viele Möglichkeiten bietet – dass sich das „sich trauen" lohnt.

Natürlich bietet diese spezielle Konstellation des Familienunternehmens auch viele Herausforderungen. Es sind Herausforderungen, vor denen wir auch als Gesellschaft stehen. Denn wie in unserer Gesellschaft kann man einander in einem Familienunternehmen nicht aus dem Weg gehen.

Stellen Sie sich vor, Sie arbeiten viele Stunden am Tag mit Menschen zusammen, vielleicht sogar noch im selben Büro, von denen Sie genau wissen, wie Sie sie zur Weißglut bringen. Und umgekehrt kennen diese Menschen Ihre Triggerpunkte sehr genau. Mit welchem Satz und mit welcher Betonung bringt Ihre Mutter Sie auf die Palme? Ich bin sicher, da gibt es etwas, das Ihnen in diesem Augenblick einfällt.

Im Familienunternehmen arbeiten Sie aber nicht nur zusammen. Sie leben eventuell sogar als Familie zusammen in einem Haus oder sehen sich am Wochenende auf Familienfeiern, sitzen bei Geburtstagen beim Erdbeerkuchen zusammen. Wie in der Gesellschaft auch muss man lernen, miteinander auszukommen. Und dazu braucht es nicht nur Regeln, sondern auch eine grundsätzliche Bereitschaft, aufeinander zuzugehen. Denn am Ende wollen alle Parteien nur den Erfolg des Unternehmens. Damit das funktionieren kann, muss die Seniorgeneration auch mal offen sein für neue Ideen und darf nicht zu jedem Vorschlag sagen: Nein, das haben wir die letzten 30 Jahre schon immer so gemacht. So machen wir es weiter! Genauso muss die Juniorgeneration akzeptieren, dass manche Dinge aus einem ganz bestimmten Grund so gemacht wurden, wie sie gemacht wurden, eben weil sie erfolgreich waren ... Das ist ein Lernprozess für jeden Nachfolger – und jeden Senior.

Unter anderem deshalb war der Austausch mit anderen jungen Menschen, denen es genauso geht und die diesen Prozess des Aushandelns bereits erlebt haben, so wichtig. Mit Menschen, die einen immer wieder geerdet haben und die einem gesagt haben, dass solche Reibungen normal sind – in jeder Familie und auch in jedem Familienunternehmen. Dass es dazugehört. Und dass gerade das Buhlen um die besten Lösungen einen selbst fordern und fördern kann. Für mich hat das über die Jahre bedeutet, dass ich immer mehr Lust und Spaß am Unternehmertum bekommen habe. Ein Unternehmen entwickeln zu können, Chancen zu erkennen und zu nutzen ... Ich habe für mich erkannt, dass Unternehmertum und Familienunternehmen für mich keine Bürde sind, sondern dass es ein Privileg ist, diese Möglichkeit zur Gestaltung zu besitzen.

Ich glaube, dass es noch viele weitere Parallelen zwischen dem Unternehmertum und unserer Gesellschaft gibt. Dass es Werte gibt, die sowohl ein gut geführtes Familienunternehmen als auch die Gesellschaft tragen – weil sie sich bewährt haben.

Diese Werte sind neben dem bereits angesprochenen Gestaltungswillen Zuversicht und Weitsicht sowie Verantwortungsbewusstsein in sozialer, ökonomischer und ökologischer Hinsicht. Außerdem Eigenverantwortung in dem Sinne, dass das eigene Handeln Konsequenzen hat und diese Konsequenzen nicht nur dann getragen werden müssen, wenn sie positiv, sondern auch, wenn sie negativ sind. Auch das Anerkennen, dass eine Diversität der Perspektiven ein Vorteil für alle ist, ist solch ein Wert – nach dem Motto „Disagree and Commit". Wir haben es mit komplexen Herausforderungen zu tun. Deshalb brauchen wir verschiedene Meinungen, bis eine Entscheidung getroffen ist. Und auch nicht vergessen werden darf der Drang nach Innovation bei gleichzeitiger Abwägung des Risikos, das Veränderungen mit sich bringen. Es braucht die Bereitschaft, sich selbst und das Unternehmen permanent an geänderte Bedingungen anzupassen – ohne die eigenen Werte über Bord zu werfen.

Auch wenn längst kein kleines oder mittelständisches Unternehmen mehr eine lebenslange Arbeitsplatzgarantie aussprechen kann, bietet das gut geführte Familienunternehmen nicht nur wirtschaftliche, sondern auch psychologische Stabilität. Sie ist das Ergebnis des Wertesystems der Menschen und Führungskräfte im Familienunternehmen. Das erfordert vor allem Verlässlichkeit im Führungsverhalten. Die

Mitarbeiter brauchen das Wissen, dass sie eine leistungsstarke Führung haben, die das Unternehmen nicht nur in ihrem Sinne führt, sondern auch ihnen und ihren Leistungen Bedeutung gibt. Durch eine solche Unternehmenskultur entsteht ein Klima, in dem man sich gern engagiert und in dem man sich darüber hinaus auch geborgen fühlt. Aus dieser Perspektive arbeiten nicht die Mitarbeiter für die Unternehmensführung, sondern die Unternehmensführung für die Mitarbeiter. Noch besser: Man arbeitet gemeinsam für ein gemeinsames Ziel, für eine gemeinsame Vision.[4]

Das Verantwortungsbewusstsein der Familienunternehmer schlägt sich nicht nur in der Zahl der geschaffenen Stellen nieder – Familienunternehmen haben in den vergangenen zehn Jahren wesentlich mehr neue Stellen geschaffen als DAX-Konzerne –, sondern auch darin, wo diese Stellen entstehen. Denn Familienunternehmen stellen im Verhältnis einen größeren Teil ihrer neuen Mitarbeiter im Inland ein, während DAX-Konzerne ohne Familie im Hintergrund neue Jobs verstärkt im Ausland schaffen.[5] Hier wird der Kernunterschied zu einem „Großunternehmen", einem internationalen Konzern, offenbar, der vor allem seinen anonymen Stakeholdern verpflichtet ist, nämlich, „dass es bei den leitenden Mitarbeitern von Großunternehmen oft taktische Verhaltensweisen gibt. Diese bestimmen die Zusammenarbeit, stehen aber nicht immer im Einklang mit der Interessenlage des Unternehmens, sondern oft nur im Einklang mit der Interessenlage des jeweiligen Mitarbeiters", beschreibt Unternehmensberater Hans Georg Bukel die Besonderheit der Familienunternehmen.[6]

Ich denke, es ist offensichtlich, dass unsere Politik sich in ihrer Funktionsweise heute eher an einem multinationalen Großkonzern orientiert als an einem von Werten geleiteten Familienunternehmen. Denn übertragen auf die Politik finden diese taktischen Verhaltensweisen Ausdruck in Klientelpolitik, der Durchsetzung von Partikularinteressen, denen sich einzelne Politiker gegenüber „ihrer Community" verpflichtet fühlen, sowie in durch bevorstehende Wahlen getriebenen, unsinnigen „Wahlgeschenken". Sie finden auch in der Einstellung Ausdruck, dass der andere nicht recht haben darf, weil sonst die eigene Position gefährdet ist. Gute Ideen bleiben ungehört, weil sie von der falschen Person oder der falschen Abteilung kommen. Wer als Ziel den Erfolg eines Unternehmens ausgibt und dennoch so handelt, macht sich selbstverständlich in den Augen aller Mitarbeiter unglaubwürdig.

Auch ein Unternehmer, der heute so und morgen so agiert, der keine klare Vision erkennen lässt, wird das Vertrauen seiner Mitarbeiter verlieren. Aus der Sozialpsychologie wissen wir, dass Unsicherheit einer der größten Stressfaktoren für Menschen ist. Wir wollen wissen, wo es hingehen soll und wie dieses Ziel erreicht werden kann. Auch hier kann Politik vom Familienunternehmen lernen.

Warum Ideologien uns nicht weiterhelfen

Wenn wir von Ideologien sprechen, lohnt es sich, genauer hinzusehen. Ideologie bedeutet im Wortsinn zunächst nichts anderes als Ideenlehre. Ideologien sind der Versuch, unterschiedliche Vorstellungen über Sinn und Zweck des Lebens, die Bedingungen und Ziele des Zusammenlebens et cetera zu ordnen.[7] Etabliert hat sich der Ideologiebegriff im Allgemeinen als Beschreibung einer Bewusstseinsrichtung oder Denkströmung, die sich auf politische Arbeit bezieht und über diesen Weg die Gesellschaft in ihrem Sinne beeinflussen will. Der Ideologiebegriff hat diese ursprüngliche Wertfreiheit schon längst eingebüßt. Heute wird „Ideologie" im allgemeinen Sprachgebrauch keinesfalls so neutral verwendet, wie es diese Definition abbildet.

Man kann einer Ideologie positiv, neutral oder ablehnend gegenüberstehen. Aber aus der Ablehnung wird schnell eine Abwertung. Und vor allem in dieser Absicht verwenden wir den Begriff aus meiner Erfahrung heraus heute. Eine Ideologie kennzeichnet ein aus unserer Sicht – egal, wo Sie sich verorten – falsches Bewusstsein. Das haben immer die anderen. Wir nutzen die Begriffe „Ideologie" und „Ideologen" zur Markierung dessen und derjenigen, was und die wir selbst ablehnen.

Gefährlich wird es immer dann, wenn nur eine Ideologie „erlaubt" ist und Menschen, die andere Ideen und andere Vorstellungen der Lebensgestaltung haben, ausgegrenzt und bekämpft sowie gesellschaftlich und physisch vernichtet werden. So wie wir das in Deutschland oder auf deutschem Boden zunächst aus der NS-Diktatur und später aus dem Sozialismus kennen. Unsere Erfahrungen, die die Schuld für Millionen Tote und millionenfaches Leid beinhalten, mahnen uns, dass es Ideologien gibt, die wir mit aller Macht bekämpfen müssen. Diese Feststellung ist für mich eine Selbstverständlichkeit, nur falls Ihnen daran Zweifel gekommen sind, weil ich eben den Begriff einer neutralen Haltung verwendet habe.

Eine Ebene darunter sind Ideologien vor allem deshalb gefährlich, weil sie die Analyse von Problemen nur aus einer bestimmten Perspektive erlauben. Sie erlauben es gerade nicht, die „objektiv beste" Lösung für ein Problem zu finden, weil sie diese Lösungen nur im eigenen Werkzeugkoffer suchen dürfen. Kein Wunder, denn Ideologen wähnen sich ja im Besitz der einzig legitimen und überlegenen Perspektive. Aus diesem Bewusstsein heraus verengt der Extremist das Meinungsspektrum auf eine meist sehr simplifizierte Position. Der Fundamentalist verdichtet das Meinungsspektrum sogar auf einen einzigen winzigen Punkt, seine eigene irrtums- und fehlerfreie Detailperspektive. So und nicht anders muss ein Problem gelöst werden. Statt die Perspektive auf einen bestimmten Umstand zu erweitern, verengen Ideologien also den eigenen Blick oder verhindern sogar einen wertfreien Blick. Wenn wir beispielsweise feststellen, dass wir als Gesellschaft ein spezifisches Problem mit Migration haben, dann lautet die Lösung für die Extremisten: Grenzen dicht! Ausländer raus! Dass das bedeuten würde, dass wir unsere freiheitlichen Grundsätze über Bord werfen und unsere Universitäten und Betriebe ausbluten würden, dass wir den chilenischen Ingenieur, der beim fränkischen

Mittelständler neue Batterien entwickelt, ebenso verlieren würden wie den irakischen Paketboten, der bei Wind und Wetter Sendungen für Amazon ausfährt, und wie Fadil, den libanesischen Betreiber der Lieblingspizzeria des Extremisten, ist ihm egal. So weit denkt er nicht. Es ist leicht ersichtlich, dass die Aussage Unsinn und auf keinen Fall hilfreich ist.

Auf der anderen Seite des Meinungsspektrums stehen die, die sich weigern, überhaupt anzuerkennen, dass es ein Problem mit bestimmten Bevölkerungsgruppen geben könnte. Weil nicht sein kann, was nicht sein darf. Und diese Haltung gegenüber einer sehr facettenreichen Thematik ist natürlich ebenso wenig hilfreich.

Dazwischen stehen alle anderen, die sich einen sachlichen und lösungsorientierten Blick auf das Problem wünschen. Und die sich von der einen Seite als „links-grüne Gutmenschen" und von der anderen Seite als „Faschos" und „Nazis" beschimpfen lassen müssen. Denn auch dazu eignen sich Ideologien wunderbar: den politischen Gegner oder auch nur den, der ein anderes Gesellschaftsbild im Kopf hat, zu markieren, auszugrenzen und zum Abschuss freizugeben. Dieses Problem unter dem Schlagwort „Cancel Culture" halte ich für so wirkmächtig in unserer Gesellschaft, dass ich mich ihm im nächsten Kapitel nochmals widmen werde.

Wenn wir die drei großen politischen Strömungen betrachten, die sich auch in unseren Parlamenten wiederfinden, können wir unterscheiden zwischen Konservatismus, Liberalismus und demokratischem Sozialismus/Sozialdemokratie. Und – darüber zumindest herrscht Einigkeit – alle wollen nur das Beste für den Menschen. Auf das Ziel einer freien, solidarischen Gesellschaft können sich CDU, Grüne und SPD ausdrücklich einigen. Und auch die FDP ist der Überzeugung, dass Freiheit unter anderem Verantwortung und Solidarität benötigt, übrigens ebenso wie Nachhaltigkeit. Der Vollständigkeit halber: Im Grundsatzprogramm der AfD findet sich der Begriff der Solidarität nicht. Ich habe extra nachgeschaut.

Uneinigkeit herrscht also vor allem darüber, wie diese Ziele erreicht werden können und was im Detail unter dem Ziel zu verstehen ist. Und die Frage ist, wie gut jeder einzelne Bürger das Programm der einzelnen Parteien kennt, in dem diese Wege zur Zielerreichung dargelegt sind. Jeder hat ja eine Meinung, manchmal sogar ganz schön viel davon, und die Frage, worauf sich diese Meinung gründet, muss deshalb erlaubt sein.

Das Problem ist, dass sich diese Meinung bei sehr vielen Menschen auf Vorurteile und intellektuelle Faulheit gründet. Um ein bisschen präziser zu sein: Unsere Meinung beruht sehr oft auf Wahrnehmungs- und Beurteilungsfehlern wie dem Halo- und dem Horn-Effekt. Kennen Sie diese beiden Effekte? Niemand von uns ist davor geschützt. Unsere Psyche funktioniert nun mal so. In beiden Effekten wird ein einziges Merkmal so stark wahrgenommen, dass es andere Eigenschaften überstrahlt. Wird das Merkmal positiv wahrgenommen, spricht man von einem Halo-Effekt (von englisch „halo" für Heiligenschein), wird das Merkmal negativ wahrgenommen, spricht man von einem Horn-Effekt (auch Teufelshörner-Effekt).[8] Bei diesem Effekt werden wir durch ein einzelnes Merkmal negativ beeinflusst, wodurch unser gesamtes Urteil über die Person oder deren Kompetenz negativ beeinflusst wird. Diese Merkmale sind in erster Linie gar nicht politisch. Sie beziehen sich vielmehr auf Aussehen, Sprache oder sogar die Stimme des Gegenübers. Politiker, aber auch alle anderen Menschen, die in der Öffentlichkeit stehen, können ein unschönes Lied davon singen.

Nehmen wir einmal Philipp Amthor. Man muss kein Freund von der Art sein, wie er sich kleidet. Man kann die Jagd als Hobby ablehnen. Aber diese beiden Merkmale haben überhaupt nichts mit seiner Politik zu tun. Und ich bin überzeugt, dass die wenigsten, die ihn im Netz mit Spott und Häme überschütten, etwas über sein Abstimmungsverhalten im Bundestag oder sein Wirken in seinem Wahlkreis Mecklenburgische Seenplatte I – Vorpommern-Greifswald II in Mecklenburg-Vorpommern sagen können.

Was auf der anderen Seite eine Ricarda Lang an Beleidigungen an den Kopf geworfen bekommt, ist durch ihr Engagement ebenfalls nicht gerechtfertigt. Die Auseinandersetzung mit ihr beschränkt sich zumeist darauf, dass sie jung, weiblich und bei den Grünen ist – und auf ihre Statur.

In der menschlichen Natur liegt es auch, dass wir Menschen sympathischer finden, wenn sie uns ähnlich sind. Menschen, die uns sympathisch sind, wirken automatisch vertrauenswürdiger auf uns. Menschen, die uns aus irgendwelchen Gründen unsympathisch sind, begegnen wir mit einer grundsätzlichen Abwehrhaltung, die sich auch in einer grundsätzlich abwehrenden Haltung gegenüber ihren Argumenten niederschlägt. Und in einer Bereitschaft zum Angriff.

Ich bin sehr dafür, politisch zu streiten, und das gern auch pointiert. Aber bitte mit Respekt für das Gegenüber und mit Wertschätzung für sein Engagement. Und im Idealfall natürlich mit der Kenntnis seiner Positionen. Die Position ist es, die wir kennen und mit der wir uns auseinandersetzen müssen. Ob uns die Person ähnlich oder sympathisch ist, sollte dabei keine Rolle spielen. Das sollten wir von uns und unseren politischen Gegnern verlangen können, wenn wir in den Ring steigen.

Es ist Zeit, sich wieder auf eine parlamentarische Streitkultur zu besinnen. Wir brauchen eine Rückkehr zu einem Streit der Meinungen, unabhängig von Personen und Parteirichtlinien. Und diese Meinungen müssen mit Argumenten unterfüttert sein. Genauso wie im Unternehmen muss aus meiner Sicht auch in der Politik Lösungsorientierung über allem stehen. Oberflächliche Ideologien, um auf das Thema zurückzukommen, hindern uns jedoch genau daran. Sie drängen uns in unterschiedliche Lager, ohne dass wir genau sagen können, was unser Lager vom anderen Lager trennt. Denn sie verbieten uns, uns mit den Ideen der anderen Seite auseinanderzusetzen. Im öffentlichen Diskurs herrscht inzwischen ein „wir gegen die", befeuert vom Kampf um Klicks und Einschaltquote, das ich ablehne.

Die Probleme, vor denen wir als Gesellschaft aktuell stehen, sind komplex. Unser Land erscheint leistungsfähiger, als es eigentlich ist. Vor lauter BIP können wir vermeintlich kaum laufen. Dabei lenkt es ab von gewaltigen Herausforderungen: kollabierende Sozialversicherungssysteme, hohe Verschuldung, Regulierungswahn und Bürokratie gefährden die Tragfähigkeit unseres Systems. Dass wir von der Substanz leben, zeigt die bröckelnde Infrastruktur. Wir leben inzwischen in einem Land, in dem Brücken einfach mal zusammenstürzen.

Einfache Lösungen sind nicht in Sicht, und ich kann sie auch nicht versprechen. Es kommt auf große Weichenstellungen und wie immer auf Details an. Und die Auseinandersetzung mit diesen Details ist anstrengend. Auch ich kann mich beim besten Willen nicht für alles begeistern. Es geht mir wie vielen von Ihnen. Manches ist für denjenigen, der nicht tief im Thema steckt, auch einfach langweilig. So ist eine Forderung wie die der JUNGEN UNTERNEHMER, die von der EU vorgeschlagene Absenkung der Niedrigsteuergrenze von 25 auf 15 Prozent im Außensteuergesetz umzusetzen, aus meiner Sicht zwar sehr sinnvoll, für unsere Medienlandschaft aber einfach nicht sexy genug. Es sorgt einfach für mehr Dopamin, in den sozialen Medien einen abwertenden Kommentar unter einem Videoschnipsel zu posten. Aber genau das dürfen wir nicht zulassen. Wir dürfen uns nicht von Ideologen in die Defensive oder gar Resignation drängen lassen. Und wir dürfen uns von Ideologen nicht die Perspektive verengen lassen.

Klimaschutz beispielsweise ist das herausragende und vielleicht komplexeste Thema unserer Generation. Dennoch wird dieses wichtige Thema ideologisch aufgeladen. Dabei stellt sich die Frage, wer mehr für den Klimaschutz tut: Aktivisten, die sich von Brücken abseilen und auf die Straße kleben, oder der Mittelständler, der schadstoffärmere Produktionsverfahren und Produkte entwickelt? Die eine Gruppe kommt in die Zeitung und darf Vertreter in die Talkshows entsenden. Die andere Gruppe bekommt eine Fußnote in einer Studie des Instituts für ökologische Wirtschaftsforschung.

Wenn wir vor unserem geistigen Auge einen Klimaschützer sehen, dann sehen die meisten von uns einen jungen, engagierten Menschen mit einem Transparent vor sich. Auch ich sehe diesen jungen Menschen. Er ist ja schließlich kaum zu übersehen. Und nicht zu überhören. Aber ich sehe eben auch den „alten, weißen Mann", der seine Druckerei auf der Schwäbischen Alb hat, in der ganz selbstverständlich 100 Mitarbeiter aus fünf Nationen zusammenarbeiten, der schon vor zehn Jahren auf Solarenergie vom eigenen Hallendach umgestellt hat und der dafür den Kampf mit der EEG-Bürokratie auf sich nahm.

Klimaschutz kann – wie jede der oben umrissenen Herausforderungen – viele Facetten haben. Auch der Abbau von überbordender Bürokratie ist eine davon. Aber diese Facetten und die Zusammenhänge beispielsweise zwischen Bürokratie und Klimaschutz können wir nur ohne ideologische Scheuklappen erkennen. Diese Erkenntnis muss jeder Einzelne für sich selbst erlangen.

Es liegt in der Verantwortung von jedem selbst, diese Scheuklappen abzunehmen und mit offenen Augen auf die Herausforderungen der Zukunft zu blicken.

Warum man so nicht miteinander reden kann

In keinem anderen Lebensbereich gehen wir so verletzend und rücksichtslos mit unserem Gesprächspartner um wie in der öffentlichen politischen Diskussion. Im Privatleben würden wir unseren Partner in einer gesunden Beziehung niemals auf eine Art und Weise für eine aus unserer Sicht falsche Aussage beschämen, wie es in der öffentlichen politischen Diskussion üblich geworden ist.

Im Berufsleben gehört das herabsetzende „Über-den-Mund-Fahren" mit dem einzigen Ziel, den vermeintlichen Kritiker zum Schweigen zu bringen, schon längst der Vergangenheit an. Führungskräfte, die gegenüber den eigenen Mitarbeitern oder Geschäftspartnern einen derartigen Kommunikationsstil pflegen würden, wie wir uns diesen als Gesellschaft in weiten Teilen angewöhnt haben, bekämen nicht nur Ärger mit der Personalabteilung, sondern hätten auch über kurz oder lang keine Geschäftspartner mehr.

Den politischen Gegner zu beschimpfen, ihm Gesinnungen und Absichten zu unterstellen, ihn von oben herab zu behandeln und den Mund zu verbieten, macht niemand zu einem souveränen Vertreter seiner eigenen Position, sondern dieser „Stil" macht ihn zu einer Person ohne Benehmen. Und zu einer Person, die man meiden sollte.

Mit dem Ablegen der ideologischen Scheuklappen muss ein verbales Abrüsten aller Beteiligten einhergehen. Der „Shitstorm" als Instrument und Methode der politischen Kommunikation muss endgültig der Vergangenheit angehören.

Ich halte die Art, wie wir miteinander reden, und die Orte, an denen die politische Debatte stattfindet, nicht nur für ungeeignet, um den Herausforderungen unseres Landes angemessen begegnen zu können, sondern ich halte sie sogar für eine Ursache unseres Versagens. Die Art und Weise, wie diese Orte funktionieren, die Regeln, nach denen sie organisiert sind, sind gerade nicht auf Austausch oder Erkenntnisgewinn angelegt. Im Gegenteil.

Weil online und digital anders funktionieren

Die „langsamen" Tageszeitungen verlieren seit Jahren massiv an Auflage. Auch politische Magazine mussten in den letzten Jahren starke Auflagenverluste hinnehmen und versuchen, diesen Auflagenverlust über ihr digitales Angebot aufzufangen.

Online und digital funktionieren aber anders, vor allem schneller. Und auch Menschen funktionieren online anders. Wenn sie Nachrichteninhalte konsumieren, aber noch viel mehr, wenn sie selbst etwas in den sozialen Medien posten und vom Konsumenten zum Akteur werden. Das Gefühl der Anonymität, das das Internet bietet, hat einen großen Einfluss auf unser Kommunikationsverhalten. Ohne direkte Begegnung und ohne dass sich unser Verhalten auf unsere sozialen Beziehungen auswirkt, fühlen sich viele Menschen freier, ihre Meinungen und Gefühle offen auszudrücken. Online trauen sich viele Menschen, Dinge zu sagen, die sie einem anderen niemals ins Gesicht sagen würden. Vorsichtig ausgedrückt führt die vermeintliche Anonymität des Internets dazu, dass Menschen ihre Meinungen und Gefühle in einer viel direkteren Weise ausdrücken und so zu einer Verschärfung der Diskussionen und Konflikte beitragen. Vor allem, wenn sie dafür belohnt werden. Denn auch das ist leider Teil unserer modernen Kommunikation: Kein Inhalt ist zu abwegig, als dass er nicht noch Beifall in Form von Likes erhielte. Dazu später mehr – schauen wir zunächst auf unsere Rolle als Nachrichtenkonsumenten.

Bitte prüfen Sie sich selbst. Ich bin sicher, dass Sie die beschriebenen Effekte von sich selbst kennen, wenn Sie morgens oder mittags ihr bevorzugtes Onlinemedium öffnen. Was wir auf *BILD*, *taz* oder *Focus Online* vorfinden, lesen wir in den meisten Fällen nicht wirklich, wir „scannen" es. Wenn Leser einen Online-Artikel scannen, bedeutet das, dass sie schnell über den Text gleiten und nach bestimmten Informationen oder Schlüsselwörtern suchen, anstatt den gesamten Text gründlich zu lesen. Das liegt zum einen an der Überfülle an Informationen im Internet und unserer begrenzten Zeit, zum anderen an unserer Aufmerksamkeitsspanne sowie an der Tendenz, Inhalte schnell zu bewerten und zu entscheiden, ob sie für uns relevant und wichtig sind. Erst wenn wir den Inhalt als interessant einstufen, vertiefen wir uns. Und wir geben den Inhalten nicht viel Zeit, um uns zu begeistern.

Die durchschnittliche Aufmerksamkeitsspanne bei der Nutzung von Online-Inhalten wird oft auf acht Sekunden geschätzt. Diese Zahl nennt zumindest eine Untersuchung von Microsoft aus dem Jahr 2015.[9] Verstärkend kommt hinzu, dass wir die Inhalte besonders schnell wechseln, wenn wir von dem, was wir scannen, nicht sofort angesprochen werden. Was uns nicht gefällt, klicken wir weg.

Durch dieses Verhalten werden wir zu einem Element der Klick-Ökonomie. Die Klick-Ökonomie bezeichnet ein Modell, bei dem Online-Inhalte und Dienstleistungen durch den Verkauf von Werbung finanziert werden. Die Idee dahinter ist, dass das Einkommen aus Werbung desto höher ist, je mehr Besucher auf eine Website klicken. Um dies zu erreichen, werden alle verfügbaren Taktiken eingesetzt, um die Aufmerksamkeit der Besucher zu erhöhen und den Traffic zu steigern.

Es ist klar, dass diese Zusammenhänge Auswirkungen auf die journalistische Integrität haben, da Journalisten und Verlage unter Druck stehen, Inhalte zu produzieren, die eine hohe Anzahl von Klicks generieren und im besten Fall gleichzeitig sorgfältig recherchierte und ausgewogene Nachrichten liefern. Auch für politische Nachrichten und Kommentare gilt das Gesetz, dass provokante Inhalte, die eine hohe Anzahl von Klicks generieren, eher Aufmerksamkeit erhalten und von den Konsumenten verbreitet werden als Inhalte, die weniger kontrovers oder weniger aufregend sind. Auf diese Weise – und vielleicht ohne dass es den einzelnen Medienschaffenden bewusst ist – führt die von uns allen geschaffene Klick-Ökonomie dazu, dass bestimmte politische Nachrichten und Meinungen auf Social-Media-Plattformen und anderen Onlinemedien überbetont oder verzerrt dargestellt werden, um mehr Aufmerksamkeit und Klicks zu generieren. Sie führt auch dazu, dass wichtige politische Themen und Perspektiven übersehen werden, wenn sie nicht aufregend oder kontrovers genug sind, um eine hohe Anzahl von Klicks zu generieren. Aber wie ich schon mehrfach betont habe, sind eben nicht alle politischen Themen auf den ersten Blick spannend und relevant. Manche sind kompliziert, benötigen ein Abwägen und Zeit für Reflexion. Zeit, die die Onlinedebatte nicht vorsieht.

Wir selbst funktionieren übrigens genauso. Wenn wir etwas posten, einen Kommentar oder ein Bild, wollen wir, dass darauf reagiert wird.

An dieser Stelle kommt die zweite Onlinewährung ins Spiel: Aufmerksamkeit in Form von Likes. Es hat sich gezeigt, dass das Erhalten von Likes, Anerkennung und Bestätigung in den sozialen Medien Einfluss auf den Dopaminspiegel im Gehirn hat. Dopamin ist ein Neurotransmitter, der für das Belohnungssystem verantwortlich ist und dessen Freisetzung positive Gefühle wie Glück und Zufriedenheit auslöst. Die positive Bestätigung kann zu dem verstärkten Wunsch führen, noch mehr Anerkennung und Bestätigung zu erhalten. Das Verlangen nach Bestätigung im Zusammenspiel mit der Klick-Ökonomie löst eine schwer kontrollierbare Erregungsspirale aus.

Nutzer und Publisher erstellen und teilen Inhalte, die besonders kontrovers, provokativ oder polarisierend sind. Wenn der Inhalt viele Likes und positive Bestätigung erhält, kann dies zu einer Freisetzung von Dopamin führen, was wiederum ein Verlangen nach noch mehr positivem Feedback auslöst. Diese Spirale führt nahezu sicher dazu, dass die Nachrichten- und Medienlandschaft immer weniger vielschichtig wird und dass Meinungen immer extremer und politische Diskussionen immer schärfer und unproduktiver werden.

Soziale Medien eignen sich zusammengefasst nicht für tiefgehende politische Diskussionen. Die geforderte Verkürzung zwingt uns zu knappen Aussagen, die der Komplexität eines Themas kaum gerecht werden. In einer politischen Diskussion ist es aber wichtig, dass Argumente und Ansichten in einem größeren Kontext dargestellt werden. Diese Tiefe und diesen Kontext können Social Media niemals bieten. Stattdessen sind sie zu einem Nährboden für emotionale Reaktionen und Überreaktionen geworden und beeinträchtigen so die Möglichkeit, sachlich und konstruktiv über politische Themen zu diskutieren.

Online muss es für viele Nutzer der Maximalvorwurf sein. Es reicht nicht mehr, zu sagen, hier liegt XY falsch. XY muss ein „rassistischer Menschenfeind“ oder Ähnliches sein, die Aussage auf jeden Fall „eine Entgleisung“, eine „Peinlichkeit“ – auf jeden Fall muss eine Entschuldigung her.

Nicht zuletzt sind Social-Media-Plattformen ein gängiger Ort für die gezielte und von politischen Akteuren gesteuerte Verbreitung falscher oder ungenauer Informationen. Stellvertretend für diese Tendenz steht der Begriff „Trollfabrik“. Trollfabriken sind Organisationen, die systematisch und in großem Maßstab negative oder destruktive Kommentare und Beiträge im Internet erstellen, um bestimmte Diskussionen oder Themen zu beeinflussen. Sie können auch als Teil einer größeren Desinformationskampagne eingesetzt werden, um öffentliche Meinungen zu manipulieren oder eine bestimmte politische Agenda zu unterstützen. Es ist kein Geheimnis, dass beispielsweise in Russland staatlich unterstützte Trollfabriken existieren, die politische Diskussionen in Deutschland beeinflussen sollen, um die russische Agenda zu unterstützen. Trotzdem haben sie großen Einfluss auf unsere Medienlandschaft gewonnen.

Den größten Einfluss auf unsere Medienlandschaft hat nach meinem Eindruck der Kurznachrichtendienst Twitter. Als im Herbst 2022 der Unternehmer und Tesla-Chef Elon Musk die Plattform übernahm, wurde dieser Zusammenhang sehr deutlich. Das Onlinemagazin *Spiegel Online* berichtete nahezu live vom Übernahmeprozess, kommentierte sogar einzelne Tweets des neuen Besitzers.[10] Über Wochen wurde der Eindruck erweckt, es drohe der Untergang des Abendlands. Usern wurde nahegelegt, alternative Plattformen zu nutzen. Politiker verabschiedeten ihre Accounts mit Pathos in den Winterschlaf. Inzwischen hat sich der Sturm gelegt, alles läuft wie vorher. Und wenn Sie auf Twitter nicht (mehr) aktiv sind – so wie ich –, können Sie sich freuen, dass Sie von der ganzen Aufregung nichts mitbekommen haben.

Insgesamt gehen Schätzungen davon aus, dass nur etwa 10 bis 15 Prozent der deutschen Bevölkerung aktive Twitter-Nutzer sind. Dennoch findet, was dort diskutiert wird, den Weg in die Redaktionen. Denn auf Twitter sind viele Journalisten aktiv. Twitter ist eine Plattform, um Nachrichten zu teilen, sich mit anderen zu vernetzen und zu recherchieren. Viele Journalisten nutzen Twitter, um schnell auf aktuelle

Ereignisse zu reagieren, exklusive Geschichten zu promoten und eine größere Reichweite für ihre eigene Berichterstattung zu erzielen. Darüber hinaus nutzen viele Journalisten Twitter, um direkt mit ihren Lesern oder Zuschauern zu interagieren und Feedback zu ihrer Arbeit zu erhalten. Twitter kann auf diese Weise ein wertvoller Teil journalistischer Arbeit sein.

Leider scheinen sich jedoch zu wenige Journalisten der Gefahren bewusst zu sein, die in der Funktionsweise dieses Mediums angelegt sind. Die ausgefeilten Algorithmen sorgen auch für Journalisten dafür, dass ihnen hauptsächlich Inhalte präsentiert werden, die ihre vorhandenen Überzeugungen bestätigen. Der Algorithmus trägt ganz bewusst zu einer Verstärkung von Filterblasen und Echokammern bei. In der Konsequenz führt dieser Effekt zum Verlust der Fähigkeit, zwischen Wichtigem und Unwichtigem zu unterscheiden. Außerdem stellt sich die Frage, ob sich die Berichterstattung nicht in einem Maße beschleunigt, dass es auf Kosten der Sorgfalt geht.

Aus meiner Sicht führen Social Media, so wie wir sie heute kennen und als politische Arena nutzen, neben einer Verrohung des Umgangs miteinander dazu, dass bestimmte Themen, wie beispielsweise die Twitter-Übernahme, eine Scheinrelevanz erhalten, die sie in der Lebenswelt eines großen Teils der Bürger einfach nicht haben. Und so wird die journalistische Nabelschau zu einem weiteren Baustein in der Mauer des Misstrauens, die viele Bürger gegenüber den klassischen Medien errichten.

Es interessiert den größeren Teil der Menschen nicht, welcher Politiker oder Prominente aus welchen Gründen, nach welchem Versprecher oder für etwas, was er vor 15 Jahren vielleicht gesagt oder getan hat, aktuell auf der Abschussliste steht. Aber sie nehmen diese Diskussionen als deutliches Zeichen wahr: Das hat nichts mehr mit mir zu tun. Aussagen von politischen Akteuren wie die folgende wären vor dem Aufkommen von Twitter inhaltlich und vom Ausdruck undenkbar gewesen: *„Wie (sic) die #GeschlechtergerechteSprache also das #Gendern* *ablehnt gehört zu den #Faschisten, ist dem #Faschismus kompatibel oder kognitv (sic) nicht auf der Höhe*".[11] Der Tweet stammt von einer Politikerin der Grünen, deren Namen ich mir und Ihnen an dieser Stelle ersparen möchte. Hätte die Politikerin recht, wären laut einer Umfrage 86 Prozent aller Bürgerinnen und Bürger, die nämlich eine geschlechtersensible Sprache für unwichtig halten, mit dem Faschismus kompatibel oder kognitiv nicht auf der Höhe.[12]

Verstehen Sie mich nicht falsch. Ich weiß natürlich um die große Kraft, die in Social Media liegt, dass sie Spaß machen und wichtige Diskussionen anstoßen können. Hashtags wie #metoo oder #IranRevolution zeigen, wie wichtig es ist, anonym, direkt und ungefiltert berichten zu können.

Gleichzeitig muss jedem Nutzer das gewaltige Missbrauchspotenzial bewusst sein. Nur weil etwas im Internet steht, muss es weder wahr noch relevant sein. Das gilt sogar, wenn es hundertmal dort steht. Vielleicht sogar gerade dann.

Für uns als Gesellschaft bedeutet dieses Missbrauchspotenzial bei gleichzeitig großer Gestaltungskraft, dass wir bereits sehr frühzeitig beginnen müssen, Medienkompetenz zu lehren und zu lernen. Denn spätestens für die nächste Generation gibt es keine Trennung mehr zwischen „online" und „richtigem Leben". Das Leben findet zu großen Teilen online statt.

Für den einzelnen Nutzer bedeutet das, ein hohes Maß an Selbstdisziplin aufzubringen und sich nicht im Rausch der Erregung als Teil einer gefühlten großen Mehrheit davontragen zu lassen und in der Meinungsäußerung immer extremer zu werden. Auf Deutsch gesagt müssen wir alle einen Gang runterschalten. Wenn Social Media nur noch Geschrei und Hysterie mit sich bringen, haben sie ihre Wirkmächtigkeit verloren. Was dort passiert, hilft uns nicht bei der Suche nach den besten Lösungen. Aber genau die brauchen wir.

TEIL 2

WAS WIR BESSER MACHEN KÖNNEN

Für ein starkes und zukunftsfähiges Deutschland

Meine Vorschläge für die Zukunft Deutschlands speisen sich aus dem Wunsch nach einem nachhaltigen, weltoffenen und generationengerechten Deutschland, das jedem Bürger die Chance auf Wohlstand bietet und Teilhabe garantiert.

Bestimmt werden sie von der entscheidenden Frage, mit welchem Staatsverständnis und welcher Gesellschafts- und Wirtschaftsordnung Deutschland in die Zukunft gehen will. Wollen wir einen Nanny-Staat, der seinen Einfluss auf alle unsere Lebensbereiche immer weiter ausbaut und der bei Investitionen vor allem an die öffentliche Hand denkt – nicht an die private Wirtschaft? Oder setzen wir auf Innovation und Wirtschaftswachstum – auf soziale Marktwirtschaft statt planwirtschaftliche Vorgaben?

Meine Antwort auf diese Frage ist eindeutig: Ich bin davon überzeugt, dass wir eine starke und solidarische Wirtschaft brauchen, um unsere gemeinsamen Ziele zu erreichen. Wir brauchen die soziale Marktwirtschaft in ihrer vollen Kraft. Nur sie gibt den Schwächsten Rückhalt und bietet jedem Bürger Aufstiegschancen und die Freiheit, sich zu entfalten.

Ihre Prinzipien in der Tradition von Ludwig Erhard sind gerade bei den aktuellen Herausforderungen von entscheidender Bedeutung für die Gesellschaft und die Wirtschaft. Nur sie ist in der Lage, einen generationengerechten Haushalt und Klimaschutz zusammen zu denken.

Es lohnt sich, für die Chancen in einer sozialen Marktwirtschaft zu werben. Bei einer Umfrage des Allensbach-Instituts 2022[1] sprachen sich über 64 Prozent der unter 30-Jährigen klar für unser Wirtschaftssystem aus und waren der Überzeugung, dass sich eigene Anstrengung lohnt. Das sind so viele wie seit 25 Jahren nicht mehr. Dieses Bekenntnis muss jetzt mit Rückenwind wieder viel stärker in die Politik getragen werden. Denn unsere Zukunft wird heute entschieden. Nur die soziale Marktwirtschaft ist in der Lage, Deutschland das Rüstzeug an die Hand zu geben, das es benötigt, um die mannigfaltigen Herausforderungen der Zukunft zu bestehen. Dazu bedarf es großer Investitionen in Bildung und digitale Infrastruktur, um junge Generationen fit zu machen für den Technologiewandel, dem wir ohne ideologische Scheuklappen, getrieben von Innovationsgeist und Technologieoffenheit, begegnen müssen.

Gleichzeitig muss der künftige Einsatz von Steuergeldern bei der aktuellen demografischen Lage noch einmal grundlegend hinterfragt werden. Bei der Umfrage befürchteten drei Viertel der Befragten die künftige finanzielle Belastung durch die sozialen Sicherungssysteme. Wenn die Politik auf diese Ängste nicht eingeht, werden wir uns bald auch das weltbeste Sozial- und Wirtschaftssystem nicht mehr leisten können.

Meine folgenden Vorschläge stehen für die Interessen zukünftiger Generationen ein. Gleichzeitig setze ich große Hoffnung in die jungen Menschen. Zutrauen statt Misstrauen ist meine Antwort. Wir müssen staatliche Eingriffe begrenzen und Unternehmergeist, Innovation und auch Risikobereitschaft eine neue Chance geben. Alle Vorschläge und Forderungen, die ich in diesem Teil darlege, befinden sich naturgemäß im Einklang mit den Positionen meines Verbands DIE JUNGEN UN-

TERNEHMER von DIE FAMILIENUNTERNEHMER. Sie beruhen auf Gutachten und Untersuchungen, die im Auftrag oder von den zahlreichen wissenschaftlichen Mitarbeitern unserer Verbände erarbeitet und zum Teil bereits an anderer Stelle als Positions- oder Forderungspapiere veröffentlicht wurden. Auch als regelmäßiger Leser meiner Kolumnen und Kommentare im Magazin *Focus Money* oder der *Wirtschaftswoche* werden Sie vielleicht einige Gedanken und Positionen wiedererkennen.

Ich bin von diesen Positionen zutiefst überzeugt. Vor allem bin ich davon überzeugt, dass sie gerade in dieser konzentrierten Form ihre volle Kraft entfalten – für ein starkes und zukunftssicheres Deutschland.

Ein starkes und zukunftssicheres Deutschland ist für mich ein Land, das sich auf die Stärkung seiner Wirtschaft und die Förderung des Unternehmertums konzentriert, um auch weiterhin – oder wieder – eine hohe Lebensqualität für seine Bürger zu gewährleisten. Ein Land, geprägt von sozialer und ökologischer Verantwortung und Solidarität, um jedem die Möglichkeit zu geben, sein volles Potenzial zu entfalten.

Die große Herausforderung unserer und der kommenden Generationen ist der Klimawandel. Auch ich sehe die Bekämpfung seiner Folgen als eine der größten Herausforderungen unserer Zeit an, und gleichzeitig erkenne ich den Kampf gegen ihn als Chance für Deutschland, eine Vorreiterrolle in den Bereichen Nachhaltigkeit und erneuerbare Energien zu übernehmen – wenn wir unseren Unternehmen die Bedingungen geben, unter denen sie die innovativen Leistungen aufbringen können, die dazu nötig sind. Ich glaube, dass die Digitalisierung eine Chance für Deutschland darstellt, in Bereichen wie Technologie und Wirtschaft an der Spitze zu bleiben.

Deutschland braucht in vielen Bereichen eine Erneuerung, damit wir die Herausforderungen der Zukunft gestalten können und gleichzeitig wettbewerbsfähig gegenüber China und den USA bleiben.

Ich bitte um Nachsicht, dass ich mich bei der Vielzahl von Baustellen ausschließlich auf ausgewählte Bereiche beschränken muss und hier wiederum vor allem auf die Bereiche, in denen als Unternehmerin meine größten Kompetenzen liegen: in der Wirtschaft.

James Carville, ein Stratege von Bill Clintons erfolgreicher Präsidentschaftskampagne 1992 gegen Amtsinhaber George H. W. Bush, soll sich 1992 mit dem legendären Satz „It's the economy, stupid" an die Kampagnenmitarbeiter gewandt haben. Was frei übersetzt heißt: „Auf die Wirtschaft kommt es an, Dummkopf." Es war eine von drei Botschaften, auf die sich die Mitarbeiter konzentrieren sollten. Die anderen lauteten „Veränderung vs. mehr vom Gleichen" und „Vergesst die Gesundheitsfürsorge nicht". Wenn wir Gesundheitsfürsorge als Teil des sozialen Sicherungssystems betrachten, dann kann ich nicht nur die ersten beiden, sondern alle drei Forderungen unterschreiben, denn sie haben bis heute nichts von ihrer Gültigkeit verloren.

Wenn die Wirtschaft wächst, wachsen auch die Steuereinnahmen und die Löhne. Wenn mehr Arbeitsplätze geschaffen werden, wachsen die Einzahlungen in die Sozialversicherungen.

Wer das Wachstumspotenzial unserer Wirtschaft heben will, muss überfällige Bremsen lösen und die Rolle des Staates und Kostenbelastungen radikal auf den Prüfstand stellen. Insbesondere auf dem Markt sollte der Staat der Schiedsrichter sein, kein Mitspieler. Denn er ist eben nicht der bessere Unternehmer. Als Rahmensetzer muss der Staat private Initiative fördern, statt sie zu ersticken.[2]

Die Welt verändert sich gerade rapide: Wir sehen uns mit neuen internationalen Konfliktlinien, Gesundheitsgefahren, disruptiven Kommunikationskanälen und den Herausforderungen des Klimawandels konfrontiert. Das alles erfordert von den Menschen angepasste Kompetenzen, neues Wissen und Resilienz. Ich bin davon überzeugt, dass das Individuum in das Zentrum dieser neuen Welt gestellt werden muss. Jeder Einzelne muss angesichts der Herausforderungen, die auch ihn selbst betreffen, im Rahmen seiner individuellen Möglichkeiten und Fähigkeiten Initiative zeigen und die Verantwortung für das eigene Handeln übernehmen. Und ich bin ebenfalls überzeugt davon, dass die Menschen zu einer Rückbesinnung auf diese Tugend bereit sind.

Nicht primär der Staat sollte paternalistisch festlegen, wie sich die Bürger in der Welt bewegen sollten, sondern die Menschen sollten das nötige Rüstzeug erhalten, um selbstbestimmt handeln zu können. Der Bürger steht somit in der Verantwortung, sich mit der sich verändernden Umwelt auseinanderzusetzen. Der Ausbau des Nanny-Staats ist der falsche Weg.

Deutschland muss sich wieder auf die Mündigkeit und Selbstverantwortung seiner Bürger besinnen. Dieses positive Menschenbild war schon immer Leitgedanke der sozialen Marktwirtschaft: Verantwortung für das eigene Handeln.

Abschließend beziehungsweise zum Start bitte ich auch um Verständnis dafür, dass sich viele meiner Vorschläge nicht auf Twitter-kompatible Ausschnitte herunterbrechen lassen. Sie sind an einer Stelle des Buches angelangt, an der Sie vielleicht etwas tiefer in Themen einsteigen müssen, als Sie ursprünglich geplant haben. Ich bitte Sie dennoch, mir zu folgen, denn die Zukunft unseres Landes sollte uns allen diese Zeit und Mühe wert sein.

Für Generationengerechtigkeit und Nachhaltigkeit

Wir müssen uns fragen, was wir künftigen Generationen hinterlassen wollen. Ein Land, in dem wir und unsere Kinder und Kindeskinder wirklich gut und gerne leben wollen und können – oder einen Scherbenhaufen. Wollen wir unsere ehemalige Spitzenposition zurückholen oder wollen wir so lange von der Substanz leben, bis nichts mehr übrig ist als der Ruf, einmal eine führende Industrienation gewesen zu sein?

Klimapolitik ist das beherrschende Thema unserer Zeit, und das ist gut so – wenn wir sie nicht isoliert betrachten. Wir müssen Wege finden, die Folgen des Klimawandels, der uns längst erreicht hat, zu bewältigen. Das deutsche Ziel ist Treibhausgasneutralität bis 2045. Bereits bis 2030 sollen die Emissionen um 65 Prozent gegenüber dem Referenzjahr 1990 sinken.[3] Das sinnvolle und notwendige internationale Ziel ist, die CO_2-induzierte Erwärmung auf 1,5 Grad Celsius zu begrenzen.

Was können wir also tun? Die einen verzichten aufs Auto oder die Flugreise. Andere wollen auf Fleisch verzichten. Energiesparen gehört nicht mehr nur zum guten ökologischen Ton, sondern ist für viele Bürger zur wirtschaftlichen Notwendigkeit geworden. Alles, um den Anteil der privaten Haushalte am deutschen CO_2-Ausstoß zu reduzieren. Der liegt laut Statistiken bei 17 Prozent.[4]

Diese Maßnahmen auf individueller Ebene sind deshalb zwar hilfreich, um das eigene Gewissen zu beruhigen und im besten Fall das Thema noch tiefer in unserem gesellschaftlichen Bewusstsein zu verankern, werden aber keine strukturellen Probleme lösen. Und dieser Grundsatz gilt ebenso auf nationalstaatlicher Ebene. Deutschland ist für zwei Prozent des jährlichen CO_2-Ausstoßes auf der Welt verantwortlich. Das heißt, das weltweite Phänomen des Klimawandels würde selbst dann weiter fortschreiten, wenn wir in Deutschland morgen geschlossen zur Subsistenzwirtschaft (also einer Wirtschaftsform, deren Ziel es ist, hauptsächlich die Selbstversorgung sicherzustellen) zurückwechseln würden. Das soll nicht heißen, dass ich die Relevanz des Themas für uns als Land herunterspiele, es soll jedoch zu Beginn einmal einordnen, von welcher Größenordnung des CO_2-Ausstoßes wir in Deutschland sprechen. Ich gebe Ihnen ein Beispiel, warum ich genau davon überzeugt bin, dass wir diesen sinnlosen Weg allein und umsonst gehen würden. Entnommen habe ich das Beispiel einer Rede des Satirikers Konstantin Kisin im Oxford Union Debate Club. Ich empfehle Ihnen, sich das Video[5] dieses Auftritts auch selbst auf YouTube anzusehen.

Es heißt darin, dass ein Drittel aller Kinder, die in extremer Armut aufwachsen, in Indien lebt. Das heißt, diese Kinder hungern und leben mit dem hohen Risiko, an vermeidbaren Krankheiten zu sterben. Was wäre, wenn man die Eltern dieser Kinder vor die Wahl stellen würde, ob ihr Kind dem ernsthaften Risiko ausgesetzt werden sollte, im nächsten Jahr zu verhungern oder an einer vermeidbaren Krankheit wie Durchfall zu sterben, oder sie könnten einen Knopf drücken und ihr Kind würde leben, zur Schule gehen und schließlich ein hoffentlich glücklicher Erwachsener werden – wobei aber für jeden Lebenstag des Kindes eine Menge CO_2 in die Atmosphäre entlassen würde? Es gäbe keine Eltern auf dieser Welt, die den Knopf nicht schon gedrückt hätten, bevor der Satz zu Ende gesprochen wäre. „Sie werden diese Leute nicht dazu bringen, arm zu bleiben. Sie werden sie nicht einmal dazu bringen, nicht reicher sein zu wollen", stellt Kisin fest. Nicht nur ich bin felsenfest davon überzeugt, dass er recht hat, sondern auch die neuesten Zahlen des Global Carbon Projects[6] zeigen, dass (nicht nur) die Inder den Knopf mit aller Macht drücken: Während Deutschland seinen CO_2-Ausstoß seit 1990 um 36 Prozent reduziert hat, legte Indien um 369 Prozent zu, das noch ärmere Nachbarland Bangladesch um 562 Prozent. Kisin schlussfolgert: „Es gibt nur eine Sache, die wir in diesem Land tun können, um den Klimawandel zu stoppen, und das ist, wissenschaftliche und technologische Durchbrüche zu erzielen, die saubere Energie erzeugen, die nicht nur sauber, sondern auch billig ist." Auch ich bin davon überzeugt, dass wir wissenschaftliche und technologische Durchbrüche erzielen müssen (und können), die uns helfen, unseren CO_2-Ausstoß zu reduzieren. Deindustrialisierung ist keine Lösung. Wir können nur als Vorbild vorangehen, wenn wir ein attraktives Modell einer nachhaltigen und klimafreundlichen Gesellschaft entwickeln und leben können. Dazu die Voraussetzungen zu schaffen ist unsere Aufgabe.

Wir müssen nachhaltiger wirtschaften – und das nicht nur im ökologischen Sinne, sondern auch finanziell im Sinne einer echten Generationengerechtigkeit und getragen von einem stabilen Haushalt, denn Klimaschutzmaßnahmen verursachen Kosten, unabhängig davon, was es uns kosten würde, den Klimawandel zu ignorieren.

Aktuell sind wir weit von diesem Ziel entfernt. Unser Rentensystem rast mit Volldampf auf die demografische Wand zu. Unser Bildungssystem, das innovative Lösungen für saubere und günstige Energie hervorbringen soll, ist am Boden. Die junge Generation legt Tag für Tag den Finger in die Wunde unserer Klimaschutzbemühungen.

Wie können wir diese Grundsätze einer dreifachen Nachhaltigkeit – Klimaschutz, Haushaltsstabilität und tragfähige soziale Sicherungssysteme – verwirklichen? Hier sind meine Antworten.

Für wirksamen und wirtschaftlichen Klimaschutz

Es geht beim Klimaschutz schon längst nicht mehr um die Frage, ob wir ihn brauchen – sondern um die Frage, wie er gelingen kann. Es ist falsch, zu behaupten, dass Deutschland keinen gewaltigen Aufwand in der Klimapolitik betreiben würde. Die bisherigen klimapolitischen Schritte sind jedoch geprägt von staatlicher Lenkung sowie einem planwirtschaftlichen, technologiespezifischen und vor allem einem nationalen Alleingang.

Insgesamt haben die Gesamtausgaben für den Ausbau der erneuerbaren Energien in Deutschland längst die 400-Milliarden-Euro-Marke überschritten. Als Argument, dass dieses Geld gut angelegt ist, wird gern genannt, dass wir inzwischen, Stand 2021, 40 Prozent unseres Stroms aus erneuerbaren Energien gewinnen. Das liest sich großartig. Zum viel wichtigeren Primärenergieverbrauch steuern Photovoltaik, Windenergie und Co aktuell jedoch nicht einmal ein Fünftel bei. Für den Klimaschutz entscheidend ist daher nicht nur die Frage, wie wir inner- und außerhalb von Deutschland Strom produzieren, sondern wie viel CO_2 in Deutschland und vor allem weltweit eingespart wird.

Unternehmen und Bürger leiden zudem unter einer wuchernden Energiebürokratie. Für den willigen Bürger, der bereit ist, seinen Beitrag zur Energiewende zu leisten, stellen bürokratische Aufwände ein wesentliches und für manchen unüberwindbares Hemmnis für die Errichtung einer Photovoltaikanlage, eines PV-Speichers, von Wärmepumpen oder Wallboxen dar. Im Gegensatz zu einem Unternehmen hat der einzelne Bürger oder der kleine Handwerksbetrieb noch weniger Ressourcen, um sich mit einer nervenaufreibenden Gemengelage von gesetzlichen Vorschriften, fehlender Rechtssicherheit, mangelhafter Digitalisierung sowie einem Wirrwarr an technischen Normen auseinanderzusetzen.

Dabei bestand die deutsche Klimapolitik im Kern aus dem erstmals im Jahr 2000 in Kraft getretenen Erneuerbare-Energien-Gesetz (EEG) und damit verbunden aus dem forcierten Ausbau regenerativer Energien, vor allem von Wind- und Sonnenenergie. Dann wurde es etwas komplizierter. Denn auf europäischer Ebene wurde 2005 zusätzlich der Emissionshandel eingeführt, sodass inzwischen ein Nebeneinander von EEG und Zertifikatehandel besteht. Im Hinblick auf den Emissions- beziehungsweise Zertifikatehandel galt dabei das Narrativ, dass dieser nicht funktioniere, weil die Preise für die Emissionsrechte zu niedrig seien und keine Anreize für die Vermeidung von CO_2-Emissionen böten. Der Grund für die zu niedrigen Preise wurde wiederum in einer zu hohen Ausstattung des Emissionshandelssektors mit Emissionsberechtigungen gesehen. Aus dieser Perspektive erscheint das EEG als Korrektiv für einen inkonsequenten Ansatz, marktwirtschaftliche Klimapolitik zu betreiben.[7] Marktwirtschaft ist aber nach wie vor der beste Weg, um Probleme zu lösen – auch das Problem des Klimawandels kann nur mit der Marktwirtschaft, nicht gegen sie gelöst werden. Deshalb müssen wir auch im Klimaschutz dringend die marktwirtschaftlichen Elemente stärken. Das marktwirtschaftliche System für den Klimaschutz ist das in Teilen bereits vorhandene Emissionshandelssystem.

Emissionshandel, was? Viele Menschen, vielleicht auch Sie, steigen an dieser Stelle meist aus. Weil sie nicht wissen, was Emissionshandel, auch Zertifikatehandel genannt, überhaupt ist. Lassen Sie mich Ihnen das kurz erklären:

Wie funktioniert dieser Emissionshandel? Wenn wir der Umwelt einen Preis geben, verursacht Umweltverschmutzung wie die CO_2-Emission für Unternehmen Kosten. Wenn es jedes Jahr weniger CO_2-Zertifikate im Emissionshandel gibt und die Preise für die Zertifikate aufgrund der Knappheit immer teurer werden, regelt der Preis besser als jede Überwachungsbehörde, dass Jahr für Jahr die effizienteste Lösung für den Klimaschutz entwickelt und genutzt wird. Es schafft für Unternehmen einen Anreiz, zu überlegen, wie und wo sie am effektivsten und schnellsten CO_2-Emissionen einsparen können. Weil die Unternehmen natürlich daran interessiert sind, möglichst Kosten einzusparen.

Zum Verständnis des Emissionshandels ist es wichtig, zu wissen, dass es sich um ein zweistufiges Verfahren handelt. Im Englischen wird der Emissionshandel als „Cap and Trade"-System bezeichnet. „Cap" bezeichnet dabei die erste Stufe, auf der politisch festgelegt wird, wie hoch die zukünftigen Emissionsmengen im zuvor definierten Emissionshandelssektor noch sein dürfen,[8] also wie viele Emissionen ausgestoßen werden dürfen. Die europäische Politik besteht auf dieser ersten Stufe deshalb in einer strikten Mengenvorgabe, die ebenso strikt überwacht wird.

Die zweite Stufe des Emissionshandels ist der „Handel" der Emissionsberechtigungen unter den Emittenten (beispielsweise Unternehmen, die Emissionen verursachen). Dieser Handel hat die Aufgabe, die Vermeidung von CO_2 dorthin zu lenken, wo die Vermeidungskosten minimal sind. Denn dann besteht die Möglichkeit, dass der Emittent (Unternehmer) mit den niedrigeren Kosten mehr Vermeidung betreibt und seine Emissionsberechtigungen an den Unternehmer mit den höheren Kosten verkauft (weil er beispielsweise nicht so viel einsparen kann wie andere Unternehmen). Und je mehr Länder und Unternehmen an dieser „Börse" teilnehmen, umso effektiver funktioniert das System. Lassen Sie mich Ihnen zeigen, wie wir dieses System effektiver gestalten können.

Die Unzufriedenheit der Menschen mit der bisherigen Klimapolitik, die sich deshalb mit der „Fridays for Future“-Bewegung oder der sogenannten „Last Generation“ und ihren immer radikaleren Ablegern identifizieren, rührt daher, dass wir unsere selbst gesetzten Klimaziele nicht erreichen. Und diese Ziele sind eben in Form von CO_2-Reduktionen definiert.

Es heißt, wir müssten möglichst viel CO_2 einsparen, wenn wir das Klimaproblem bewältigen wollen. CO_2-Einsparung ist richtig und zielführend, gleichzeitig muss jedoch saubere Energie produziert und in Innovationen investiert werden. Deutschland setzt dabei nicht nur auf nationale Alleingänge, sondern verkompliziert das Thema weiter, indem die Bundesregierung einzelnen sogenannten „Sektoren“ – nach dem Motto „Jeder muss seinen Beitrag leisten“ – Reduktionsziele vorgegeben hat, die von diesen umzusetzen sind.

Diese Sektoren sind der Energiesektor, der Verkehrssektor, der Wärmesektor/Private Haushalte und Gewerbe, der Handel und die Landwirtschaft. Für die Sektoren Wärme und Verkehr installierte die Bundesregierung 2020 ein nationales Emissionshandelssystem. Empirische Untersuchungen zeigen eindeutig, dass der Emissionshandel nicht nur in der Theorie das überlegene Instrument für den Klimaschutz ist, sondern auch in der Praxis.[9]

Betrachten wir ein ideologisch besonders aufgeladenes Thema: den innereuropäischen Luftverkehr. Durch die Einbeziehung in den europäischen Emissionshandel wächst der innereuropäische Luftverkehr bereits seit 2012 CO_2-neutral! Gleichzeitig verringerte sich die CO_2-Emission pro Passagier. Vom Referenzjahr 1990 bis 2019 sank der Kerosinverbrauch um 43 Prozent auf heute 3,58 Liter pro Passagier und 100 Kilometer.[10] Das 4-Liter-Auto fliegt Sie heute von München nach Paris. Synthetische Kraftstoffe, das elektrische und hybride Fliegen oder die Vernetzung von Verkehrssystemen bieten selbstverständlich auch in dieser Branche noch viel Potenzial für Innovation, das wir mithilfe des Emissionshandels heben können.

Was außer dem fehlenden politischen Willen hindert uns daran, den Emissionshandel auszuweiten? Ein effizientes Klimapolitikmodell würde sich als relativ einfach zu installieren erweisen, wenn es möglich wäre, es von Grund auf neu anzulegen. Leider existiert stattdessen ein über Jahrzehnte gewachsener unübersichtlicher Mix aus klimapolitischen Maßnahmen und Ansätzen. Diesen Mix gilt es zu bereinigen.

Die Energieerzeugung wird seit Jahrzehnten sowohl staatlich gegängelt als auch üppig subventioniert. Die Vergangenheit ebenso wie die aktuelle Situation zeigen aber, dass die verschiedenen milliardenteuren Förderprogramme, die CO_2 nur zu extrem hohen Vermeidungskosten einsparen, uns nicht zum Ziel bringen. Es gilt, Subventionen sowie protektionistische Elemente für bestimmte Technologien so schnell wie möglich abzubauen. Insbesondere das EEG hat sich zu einer Subventionsmaschinerie entwickelt, die Industrie und Verbraucher massiv belastet, ohne die gewünschte Gegenleistung zu erbringen. Damit der Emissionshandel mit voller Gestaltungsmacht wirksam werden kann, müssen diese diversen nationalen Subventionsinstrumente, zum Beispiel das EEG, abgebaut werden.

Rein symbolische politische Eingriffe wie der Kohleausstieg – der über den Emissionshandel früher und billiger erfolgt wäre – müssen zukünftig ausgeschlossen und vor allem die diversen Energiesteuern und -abgaben massiv zurückgefahren werden. Sie belasten zum einen die Bürger. Zum anderen bedeuten sie einen gravierenden Wettbewerbsnachteil für Unternehmen.

Unternehmen und Bürger in Deutschland sind im internationalen Vergleich mit exorbitant hohen Energiekosten belastet. Eine deutliche Entlastung von nationalen Abgaben und Steuern gäbe den Unternehmen Liquidität und den Verbrauchern Kaufkraft zurück, um die drohende Rezession zu überwinden. Über die Menge der CO_2-Zertifikate ist garantiert, dass diese Entlastungen nicht zu einem Anstieg der CO_2-Emissionen führen.

Anders als noch zu Zeiten der industriellen Revolution und anders als zu Zeiten meines Großvaters ist der Faktor Umwelt dann eine entscheidende Variable unternehmensinterner Kalkulationen. Dadurch haben Unternehmer in Europa (und hoffentlich auch weltweit) einen Anreiz, nach dem effizientesten Weg des Klimaschutzes zu suchen – technologieoffen, wettbewerbsorientiert und konsequent ausgerichtet an den CO_2-Vermeidungskosten.[11] Das Ziel, effektiver Klimaschutz, ohne dabei die Wirtschaft in die Knie zu zwingen und den Wohlstand für alle Bürger zu gefährden, ist sonst nicht erreichbar. Deutschland benötigt einen echten Paradigmenwechsel.

Die Antwort, die ich mir wünsche und die vor allem die Kraft der Unternehmer und Unternehmen freisetzen würde, ist ein Emissionshandel über alle Sektoren und über die nationalen Grenzen hinaus. In der internationalen klimaökonomischen Literatur ist man sich in dieser Frage völlig einig: Eine rationale Klimapolitik setzt voraus, dass es einen einheitlichen Preis für CO_2-Emissionen gibt.[12] Die marktgerechte Berücksichtigung der CO_2-Kosten wird die Wirtschaft in der Entwicklung neuer Technologien für eine CO_2-arme Zukunft beflügeln.

Eine Bedingung für diesen Innovationsschub ist Planungssicherheit. Um die Kosten für das Erreichen der CO_2-Ziele in den Griff zu bekommen, müssen sie für Unternehmen zuverlässig kalkulierbar sein, um Investitionen in neue Technologien planbar zu machen. Wir brauchen als Gesellschaft, aber auch als Unternehmer deshalb einen langfristigen Plan, wie die Klimaziele erreicht werden sollen. Der oft bemühte reflexartige Aktionismus der Politik dagegen verunsichert Unternehmer und lässt sie verständlicherweise vor klimagerechten Investitionen zurückschrecken.[13]

Eine sichere Erreichung der CO_2-Ziele funktioniert jedoch nur mit der Wirtschaft, nicht gegen sie. Deshalb müssen wir in der Klimapolitik mehr und nicht weniger Marktwirtschaft wagen. Noch einmal: Für den Durchbruch in eine klimagerechte Zukunft brauchen wir die marktwirtschaftliche Lösung des internationalen Emissionshandels.

Denn nur sein Prinzip setzt am Kern des Problems an – der CO_2-Emission. Und er ist grenzüberschreitend, genau wie das Klima.

Für verantwortungsvolle Haushaltspolitik und soziale Sicherungssysteme

Beide Themen sind eng mit dem Klimaschutz verknüpft und gleichzeitig tragende Säulen einer echten Generationengerechtigkeit. Denn Maßnahmen zum Klimaschutz sind Investitionen in die Zukunft, aber sie verursachen heute Kosten, die die Spielräume an anderen Enden des Systems senken. Gleichzeitig haben die folgenden Generationen ein Recht auf eine funktionierende Infrastruktur und ein zukunftssicheres System der Altersvorsorge – in einer lebenswerten Umwelt.

Ähnlich wie beim Klimaschutz steht Deutschland bei der Haushaltsstabilität und bei den sozialen Sicherungssystemen nur auf den ersten Blick gut da. Dann nämlich, wenn man nur ausgewählte Faktoren betrachtet, beispielsweise den bereits angesprochenen Anteil der erneuerbaren Energien an der Stromproduktion.

Mit 45,6 Millionen Beschäftigten zählen wir so viele Erwerbstätige wie noch nie. Die Arbeitslosenquote lag im Februar 2023 bei 5,7 Prozent. Die Zahl der sozialversicherungspflichtig Beschäftigten ist mit 34,7 Millionen auf einem Spitzenniveau. Das schlägt sich positiv in der Staatskasse nieder. 2025 können Bund, Länder und Gemeinden erstmals Steuereinnahmen von über einer Billion Euro erwarten. Für 2023 könnten die Mehreinnahmen im Vergleich zum Vorjahr laut Steuerschätzung des Bundesfinanzministeriums 24,9 Milliarden Euro betragen. Das Ergebnis wären Rekordeinnahmen von 920,6 Milliarden Euro.[14] Dieses Geld wird von unserer Regierung mit vollen Händen ausgegeben. Aber die Frage ist: Wofür?

Fakt ist, Deutschland leistet sich keine generationengerechte Haushaltspolitik. Denn gleichzeitig machen wir gewaltige Schulden. 2022 blieb die Neuverschuldung zwar unter dem Rekordniveau der 215 Milliarden Euro aus dem Jahr 2021, markierte aber dennoch die zweithöchste Neuverschuldung in der Geschichte der Bundesrepublik.

Drei Jahre hintereinander wurde die im Grundgesetz vereinbarte Schuldenbremse ausgesetzt. Die Schuldenbremse ist eine verfassungsrechtliche Regelung, die in Deutschland im Jahr 2009 eingeführt wurde. Sie besagt, dass der Bund ab 2016 nur noch maximal einen Betrag, der 0,35 Prozent des BIP entspricht, an neuen Krediten aufnehmen kann (im Jahr 2023 immerhin rund 13 Milliarden Euro). Für die Länder gilt seit 2020 ein totales Neuschulden-Verbot. Die Regelung soll dazu beitragen, die Staatsverschuldung zu begrenzen und langfristig abzubauen. Nur in Krisenzeiten, etwa bei Naturkatastrophen oder schweren Wirtschaftskrisen, sind höhere Schulden zulässig. Allerdings sagt die Regelung auch, dass diese in den Folgejahren auch zwingend wieder abgebaut werden müssen.

Dass die Schuldenbremse 2023 wieder zur Anwendung kommt, ist sehr wahrscheinlich. Das Finanzministerium sprach bei der Ankündigung, die Schuldenbremse im Jahr 2023 einhalten zu wollen, aber sicherheitshalber bereits selbst davon, dass die Prognose „mit hohen Unsicherheiten behaftet" sei. Eine Einschätzung, die angesichts des russischen Überfalls auf die Ukraine und die damit verbundene Entwicklung der Energiepreise und Störungen der Lieferketten als realistisch gelten darf. Auch die Corona-Pandemie, deren wirtschaftliche Folgen in Deutschland einigermaßen überwunden scheinen, kann bei wichtigen Handelspartnern wie beispielsweise China immer wieder neu ausbrechen. Während viele Staatshilfen für die Corona-Pandemie auslaufen, ist ungewiss, ob und welche kostspieligen Entlastungspakete im Zusammenhang mit dem russischen Angriffskrieg hinzukommen.

Die Einhaltung der Schuldenbremse auf dem Papier nützt jedenfalls nichts, wenn sie durch als Sondervermögen deklarierte Schattenhaushalte unterlaufen wird. Denn die Ampelkoalition hat 2022 die Regeln verändert, wie sich die Sondervermögen auf die Schuldenbremse auswirken. Durch buchhalterische Tricks wird die Schuldenneuaufnahme im Jahr 2023 trotz Einhaltung der Schuldenbremse insgesamt 140 Milliarden Euro und somit 3,4 Prozent des Bruttoinlandsprodukts (BIP) betragen.[15]

Ja, auch als Sondervermögen deklarierte Schulden sind Schulden. Schulden müssen aber irgendwann zurückgezahlt werden. Von wem? Das Begleichen dieser Rechnung wird bedenkenlos auf die nächsten Generationen verlagert, die dann nicht nur die Schulden von heute, sondern auch die absehbar steigenden Zinslasten irgendwie finanzieren müssen. Diese Schulden, die sich von Jahr zu Jahr anhäufen, schränken die finanziellen Spielräume der jungen Generation in den nächsten Jahren massiv ein. Zudem drohen Steuererhöhungen – und das im ohnehin Spitzensteuerland Deutschland.

Der Bund der Steuerzahler Deutschland e. V. regt dazu folgendes Gedankenspiel an: „Ab sofort werden keine Schulden mehr aufgenommen und die öffentliche Hand gesetzlich verpflichtet, neben allen anderen Ausgaben jeden Monat eine Milliarde Euro an Schulden zu tilgen. Mit dieser Verpflichtung würde es bis ins Jahr 2216 dauern, um den Schuldenberg der Bundesrepublik Deutschland vollständig abzutragen."[16]

Wow – das ist eine Ansage. Das heißt, wenn wir auf diesem gefährlichen Weg weitergehen, betrügen wir die nächsten Generationen doppelt: Wir bürden ihnen nicht nur ungeheure Lasten auf, indem wir ihnen ein marodes und abgehängtes Deutschland hinterlassen, sondern wir nehmen ihnen heute die Möglichkeiten, die Sachen morgen selbst in ihrem Sinne in Ordnung zu bringen. Dieses Vorgehen hat nichts mit Verantwortung zu tun! Es ist im Gegenteil im höchsten Maße verantwortungslos und ungerecht. Es widerspricht dem Wunsch aller Eltern, ihren Kindern einen guten Start zu ermöglichen, ihnen etwas zu vererben, auf dem sie aufbauen können. Es ist aus meiner Sicht völlig unverständlich, warum wir dieses Ziel auf individueller Ebene anerkennen und fördern und gleichzeitig auf wirtschaftspolitischer, auf gesamtgesellschaftlicher Ebene so aus den Augen verloren haben.

Denken wir wirklich, dass uns irgendwann all diese Schulden, die unser Staat anhäuft, einfach erlassen werden? Dass wir und unsere Kinder diese Schulden nicht irgendwann zurückzahlen müssen? Vielleicht fühlen wir uns dafür auch einfach nicht verantwortlich. Für das Geld, das der Staat ausgibt. Woher kommt dieses Geld noch mal? Es handelt sich um Steuereinnahmen. Es ist unser Geld. Ihr Geld. Geld, das wir alle gemeinsam irgendwann einmal hart erarbeitet haben.

Wir brauchen deshalb eine Neuorientierung in der Haushaltspolitik und einen klar definierten Abbaupfad für die Rekordverschuldung mit dem Ziel, wieder nachhaltige öffentliche Finanzen zu erreichen. Wenn nämlich eine positive wirtschaftliche Entwicklung die Grundlage finanzieller und ökologischer Nachhaltigkeit sein soll – und das ist sie –, so müssen Unternehmen auch unter den entsprechenden Voraussetzungen agieren können. Dann muss die Politik Bedingungen schaffen, die die Wirtschafts- und Innovationskraft dieses Landes wieder entfesseln.

Ausdrücken muss sich diese Neuorientierung in einem ausgeglichenen Haushalt und einem gezielten Abbau des angehäuften Schuldenbergs. Nur auf diese Weise kann im Zusammenspiel mit einer wachsenden Wirtschaftsleistung die Verschuldung auf ein generationengerechtes Maß gedrückt werden.

Ein verbindlicher Tilgungsplan und sinnvolle Ausgabenbegrenzung

Im Sinne der zukünftigen Generationen benötigt Deutschland einen verbindlichen Tilgungsplan. Denn zu oft bestimmen Wahlkämpfe und tagespolitische Erwägungen die Haushaltsentscheidungen. Zwar sehen wir, wie flexibel die Schuldenbremse gehandhabt wird, dennoch ist sie ein fester politischer Orientierungspunkt. Die Schuldenbremse ist eine Wachstumsversicherung – keine Wachstumsbremse. Erst durch die Schuldenbremse hatte Deutschland einen Puffer erwirtschaftet, um besonders Betroffenen beispielsweise aus der Corona-Pandemie helfen zu können. Das war nur möglich, weil der Staat vorher Reserven angehäuft hatte – durch die Schuldenbremse. Ein im Grundgesetz verankerter, verpflichtender Tilgungsplan wäre ein ähnlich wirksames Instrument einer nachhaltigen Finanzpolitik.

Wir haben zu lange über unsere Verhältnisse gelebt. So wurde beispielsweise der Beamtenapparat immer weiter ausgebaut. Das ist bei der Polizei sicher sinnvoll, an anderen Stellen nicht. Warum müssen wir beispielsweise Lehrkräfte verbeamten? Schauen wir uns den Beamtenapparat der aktuellen Regierung von Bundeskanzler Olaf Scholz an: Ihr gehören auf Bundesebene insgesamt 37 Parlamentarische Staatssekretäre an. In fast allen Ministerien gibt es zwei, in manchen sogar drei. Addiert man die beamteten Staatssekretäre hinzu, sind es insgesamt 71. Das ist Rekord. So viele gab es noch nie. Darunter Posten wie den des Beauftragten der Bundesregierung für die Akzeptanz sexueller und geschlechtlicher Vielfalt im Rang eines Staatssekretärs, Sven Lehmann. Dazu kommen zahlreiche „Beauftragte" unterhalb des Staatssekretärs, wie der Beauftragte der Bundesregierung für Religions- und Weltanschauungsfreiheit, der sich für Sie unter anderem um die Belange der religiösen Rechte von Indigenen in Guatemala kümmert.

Knapp 29.000 Beamten- und Angestelltenposten sind für das Jahr 2023 vorgesehen, rechnet der Bund der Steuerzahler vor. „2012 waren es lediglich rund 18.500, ein Plus von exakt 10.484 Staatsdienern. Dabei werden vor allem Beamtenstellen installiert, die zwar derzeit günstiger sind als Arbeitnehmer, da keine Sozialbeiträge fällig werden, aber den Steuerzahler teuer zu stehen kommen, wenn später einmal hohe Pensions- und Beihilfelasten anfallen. Das schert die aktuell Regierenden aber wenig, denn das sind dann Finanzierungsprobleme künftiger Politikergenerationen."[17]

Die Kosten für all diese Positionen gehören zu den 88 Prozent des Haushaltsvolumens die laut Bundesrechnungshof „versteinert" sind, weil sie gesetzliche Ansprüche wie Sozialleistungen, Personalausgaben und eben Versorgungszusagen betreffen.[18] Diese Zahlen bezeugen die Tendenz, dass Deutschland sich insgesamt immer mehr in Richtung XXL-Verwaltungsstaat entwickelt. Das ist mit Blick auf die künftigen Belastungen ein massives Problem. Denn in den kommenden zehn Jahren gehen 30 Prozent aller 1,7 Millionen Beamten in den Ruhestand, in den kommenden 20 Jahren sind es 63 Prozent. Und die Beamtenpensionen werden alle Steuerzahler teuer zu stehen kommen. Diese Beamtenpensionen zahlen Sie und ich. Um Ihnen an dieser Stelle ein konkretes Beispiel zu geben: Die Durchschnittspension eines Bundesbeamten beträgt mit 3.280 Euro brutto im Monat sage und schreibe 196 Prozent mehr als die durchschnittliche Rente eines Arbeitnehmers, der auf 1.108 Euro kommt.[19] Ungeachtet dessen sind, so der Bundesrechnungshof, die Ausgaben des Bundes mit rund 500 Milliarden Euro „weiter stark expansiv“. Auch die Zinsausgaben sprängen auf frühere Höchststände.[20]

Als der Bundestag im November 2022 den Haushalt für 2023 verabschiedete, ließ sich bereits ablesen, dass wir von dem 480 Milliarden Euro großen Gesamthaushalt nur rund 70 Milliarden Euro investieren werden. Die laufenden Ausgaben sind um ein Vielfaches höher, allein die Sozialausgaben betragen über 200 Milliarden Euro. Tendenz steigend. Der Subventionsbericht der Bundesregierung[21] listet insgesamt ein Volumen von 47 Milliarden Euro für diverse staatliche Förderungen auf. Zum Vergleich: 2015 wurden „nur“ 21 Milliarden Euro gelistet. Der Subventionsbericht der Bundesregierung ist ein in der Regel alle zwei Jahre veröffentlichter Bericht, in dem alle direkten und indirekten Subventionen des Bundes sowie der Länder erfasst und aufgelistet werden, um die Kosten der Subventionen für den Staat und die Steuerzahler transparent darzustellen. Ziel des Subventionsberichts ist es, mögliche Fehlentwicklungen oder ineffiziente Subventionen aufzudecken. Der Subventionsbericht ist deshalb ein wichtiges Instrument der Haushaltskontrolle und der Steuerung der Wirtschaftspolitik. Er dient dazu, die Transparenz und Effizienz staatlicher Subventionen zu verbessern und eine sachgerechte Diskussion über die Ziele und Wirkungen der Subventionen zu ermöglichen. Allerdings ist Papier bekanntlich geduldig. Eine Analyse allein reicht nicht – die Maßnahmen müssen auch politisch umgesetzt werden. Und daran hapert es.

Zusammen mit den Subventionen sind die Konsumausgaben explodiert. Aber diese Ausgaben schaffen keinen nachhaltigen Effekt. Wenn der Staat Geld ausgibt, dann sollte es in Zukunftsinvestitionen fließen: Unsere Verkehrsinfrastruktur ist marode, der Ausbau digitaler Netze stockt und die Verwaltungsdigitalisierung kommt nicht voran.

Sparpotenzial bietet beispielsweise der Bereich der gesetzlichen Krankenversicherungen, wurden hier doch in den letzten Jahren massiv Leistungen ausgebaut. Die Kassenausgaben für freiwillige Leistungen über die Regelversorgung hinaus haben sich zwischen 2012 und 2016 fast versechsfacht.[22] Ob es immer die richtigen Leistungen sind, bleibt dahingestellt. Es ist für viele Bürger, denen bezüglich Klimawandel und Corona-Pandemie immer wieder „Follow the Science" eingebläut wurde, schwer zu verstehen, dass Globuli im Leistungskatalog gelistet sind und bei Brillen und Zahnersatz „gekniffen" wird. Der Bund erhöht für 2023 jedenfalls seinen Zuschuss aus Steuergeldern an den Gesundheitsfonds von derzeit 14,5 Milliarden Euro um zwei Milliarden Euro auf 16,5 Milliarden Euro.[23] Bei der Pflegeversicherung befinden wir uns sogar auf dem Weg zur Vollkaskoversicherung, obwohl dies nie so gedacht war. Beim neuen Bürgergeld konnte die Union zuletzt verhindern, dass dem Nachfolgemodell von Hartz IV jeglicher Arbeitsanreiz abhandenkommt. Und das ist gut so: Denn wer jetzt arbeitslos wird, hat gute Chancen, rasch wieder in Beschäftigung zu kommen. Wir haben mit rund zwei Millionen offenen Stellen einen akuten Arbeitskräftemangel. Der Arbeitsmarkt ist also entsprechend aufnahmefähig. Und Sie werden im nächsten Abschnitt sehen, dass wir es uns als Gesellschaft nicht mehr leisten können, dieses Potenzial ungenutzt zu lassen.

Ein tragfähiges und generationengerechtes Rentensystem

Über 100 Milliarden Euro fließen jährlich in das staatliche Rentensystem, das ohne diesen Bundeszuschuss schon heute nicht mehr sicher wäre.

Die deutsche Sozialpolitik wurde über die Jahre – von Wahlversprechen zu Wahlversprechen – völlig von der demografischen Realität in unserem Land abgekoppelt. In den nächsten Jahren werden immer weniger Menschen in die Sozialkassen einzahlen, während immer mehr Menschen Beiträge beziehen. Als das jetzige Rentensystem 1957 eingeführt wurde, lag das Renteneintrittsalter bei Männern bei 65 Jahren (bei Frauen: 60 Jahre) und die Lebenserwartung bei Männern bei 66 Jahren (bei Frauen: 72 Jahre), und in der Gesellschaft gab es deutlich mehr junge als alte Menschen. Heute dauert ein Rentnerleben – zum Glück – im Schnitt fast 20 Jahre. Die Finanzierung der sozialen Absicherung wird durch diese gute Nachricht zum Drahtseilakt. Auch weil gleichzeitig die junge Generation drastisch geschrumpft ist. Schon jetzt ist klar, dass wir zukünftig pro Jahr deutlich über eine Million neue Rentner haben werden. Das bedeutet, dass ab dem Jahr 2050 nahezu jeder Arbeitnehmer einen Rentner finanzieren muss. Aktuell kommen noch drei Arbeitnehmer für einen Rentner auf. Und trotzdem reichen bereits heute in allen wichtigen Sozialzweigen die Beiträge allein nicht mehr aus, um diese zu finanzieren.

Statt den Fokus auf die Menschen zu legen, die wirklich bedürftig sind, wurden die sozialen Leistungen nicht nur ausgeweitet und regelrecht mit der Gießkanne verteilt, sondern auch schädliche Mitnahmeeffekte provoziert. Beste Beispiele hierfür sind die abschlagsfreie Rente mit 63, aber auch die Grundrente. Die Rente mit 63 stellt unsere Gesellschaft vor ein besonderes Problem, denn sie befeuert geradezu den Fachkräftemangel. Mit ihrem Projekt der Rente mit 63 hat die SPD dafür gesorgt, dass Unternehmen viele kompetente und erfahrene Arbeitskräfte vorzeitig verlieren. Regelmäßig höre ich von Unternehmern, dass sie wichtige Mitarbeiter aufgrund der attraktiven Frührentenangebote nicht mehr halten können. Oft sind es sehr gut ausgebildete Fachkräfte, die eigentlich noch weiterarbeiten könnten – und würden. Das Angebot der Rente mit 63 ist jedoch für viele zu verlockend, um es verstreichen zu lassen. Selbstverständlich hat jeder einen Anspruch auf seine Rente. Die Frage ist nur, zu welchem Zeitpunkt und wie wir mit immer mehr schwindenden Fachkräften unseren Sozialstaat künftig finanzieren wollen.

Klar ist: Die Menschen bei uns leben immer länger – was ein großes Glück ist. Das bedeutet aber auch eine längere Zeit des Rentenbezugs. Und wieder entsteht die Frage nach der Finanzierung. Bisher war die Antwort klar: Die Steuerzahler stemmen die Kosten. Genau darin steckt die Krux. Denn durch den Fachkräftemangel wird es ab jetzt immer weniger Steuerzahler und weniger Einzahler in die Rentenkasse geben. „Länger leben und kürzer arbeiten passt nicht zusammen", wie Franz Müntefering (SPD) einmal zu sagen pflegte.

Mir ist natürlich bewusst, dass das Thema Rente ein heißes Eisen ist, an das sich nur wenige Politiker herantrauen. Man will ja nicht seine Wähler verärgern oder gegen sich aufbringen. Aber zu einem lösungsorientierten Politikansatz gehört nicht nur die Analyse, sondern auch das Umsetzen der Ergebnisse dieser Analyse.

Fakt ist: Wir müssen unterscheiden, ob es sich beispielsweise um einen Akademiker handelt, der studiert hat, der erst mit 33 Jahren angefangen hat zu arbeiten und in die Kasse einzuzahlen, oder ob es sich um einen Arbeiter handelt, der bereits mit 16 oder 18 Jahren begonnen hat. Das müssen wir berücksichtigen!

Um der demografischen Wirklichkeit in unserem Land gerecht zu werden, ist es aus meiner Sicht unvermeidbar, dass wir mit Berücksichtigung der Beschäftigungsdauer und der Umstände das Alter des gesetzlichen Renteneintritts an die steigende Lebenserwartung koppeln. Mit der schrittweisen Einführung der „Rente ab 67" im Jahr 2006 waren wir auch auf dem richtigen Weg zu einer nachhaltigen Generationengerechtigkeit. Die Einführung der „Rente mit 63“ war dagegen ein Rückschritt, der den Fachkräftemangel verschärfte und die Sozialkassen weiter abschmelzen ließ. Fachleute wie die frühere Verfassungsrichterin Renate Jaeger haben diesen Fehler frühzeitig erkannt und moniert. Passiert ist nichts. Inzwischen haben sich die von ihr bereits 2018 aufgezeigten Probleme weiter verschärft. Daher sollte – unter Berücksichtigung der Beschäftigungsdauer und der Umstände – bis zum Jahr 2030 die „Rente mit 67“ konsequent umgesetzt werden.

Und was ist mit Kurt Becks berühmtem Dachdecker, der ja nur stellvertretend für all diejenigen in Handwerk, Pflege und Produktion steht, die mit 67 ihre ursprüngliche Tätigkeit aus körperlichen Gründen nicht mehr ausüben können? Hier werden wir Flexibilität entwickeln müssen. Diesen Menschen müssen wir frühzeitig Anpassungshilfen anbieten und Angebote unterbreiten. Damit sind auch die Unternehmen gefragt, deren Personalchefs flexibel und kreativ sein und eben auch rechtzeitig Weiterbildungschancen anbieten müssen. Wer „nicht mehr aufs Dach kann“, der kann und möchte vielleicht noch kommissionieren, planen, in Einkauf und Angebotserstellung aushelfen. Auch können im Alter anstelle von körperlich anspruchsvollen Tätigkeiten körperlich leichtere, neu angelernte Tätigkeiten ausgeübt werden.

Es lohnt sich angesichts der Dramatik, die uns bevorsteht, auch über ganz neue Arten der Beschäftigung älterer Menschen nachzudenken. CDU-Vize Carsten Linnemann bringt eine sogenannte „Aktivrente“ ins Spiel. „Das würde bedeuten, dass jemand, der das gesetzliche Rentenalter erreicht hat, aber gerne weiterarbeiten möchte, sein Gehalt steuerfrei bekommt. Er müsste dann nur noch die Sozialbeiträge entrichten. Das wäre ein attraktiver Anreiz, länger zu arbeiten.“[24] Es arbeiten bereits heute immer mehr Rentner trotz Ruhestand. Erst in diesem Jahr hat die Bundesregierung die Hinzuverdienstgrenze gestrichen. Es scheint nur konsequent, diesen Weg weiterzugehen. Die Sorge, dass Ältere dadurch Jüngeren den Arbeitsplatz wegnehmen beziehungsweise blockieren könnten, verkennt die Dramatik des schon bestehenden und sich in Zukunft noch verschärfenden Fachkräftemangels. Es wird Platz für alle sein. Darüber hinaus ist Arbeit etwas Sinnstiftendes und trägt zur gesellschaftlichen Teilhabe auch im Alter bei. Eine repräsentative Umfrage unter Rentnern und Pensionären hat ergeben, dass sich 24,1 Prozent eine Rückkehr in den Beruf vorstellen können.[25] Diese Potenziale gilt es zu nutzen.

Ab dem Jahr 2030 sollte unabhängig von derlei Modellen dann die Koppelung des Renteneintritts an die Lebenserwartung eingeführt werden. Viele andere Länder machen dies bereits erfolgreich vor. Zur Orientierung könnte dabei das 3:2:1-Modell des Rentenexperten Prof. Dr. Axel Börsch-Supan dienen: Bei drei Jahre längerer Lebenserwartung wird der Renteneintritt um zwei Jahre verschoben und ein Jahr länger Rente gezahlt.

Abschließend noch ein grundsätzlicher Gedanke zu diesem Komplex: Je „bequemer" zur Finanzierung der gesetzlichen Rente auf Steuermittel aus dem Bundeshaushalt zugegriffen werden kann und je selbstverständlicher diese Bezuschussung aus demografischer Notwendigkeit geschieht, umso hemmender wirkt sie sich auf eine echte Reform des Systems aus, nach dem Motto: „Never change a running system." Es funktioniert ja. Noch.

Um einen Anreiz zu schaffen, sich endlich mit einer nachhaltigen, modernen Rentenreform zu beschäftigen, sollte die Finanzierung der gesetzlichen Rentenversicherung durch den Bundeshaushalt erschwert werden. Der wissenschaftliche Beirat im Bundesfinanzministerium schlägt dazu eine striktere institutionelle Trennung der gesetzlichen Rentenversicherung vom allgemeinen Bundeshaushalt vor.[26] Ich unterstütze diese Forderung aus vollem Herzen.

Neben all diesen Maßnahmen sollten wir auch zwingend die Eigenverantwortung stärker in den Blick nehmen und die Aktienanteile in der „dritten Säule" bei der Rente stärken. Die erste Säule bildet die gesetzliche Rentenversicherung. Die zweite Säule entsteht durch die betriebliche Altersvorsorge. Die dritte Säule bildet die private Altersvorsorge. Es ist aus meiner Sicht sinnvoll, diese dritte Säule insgesamt stärker zu gewichten. Im Bereich der privaten Altersvorsorge kann dieser Effekt über eine stärkere Kapitaldeckung erreicht werden. Zum einen dadurch, dass bestehende geförderte Altersvorsorgeprodukte auf ihre Anlagekriterien hin überprüft und derzeitige Regeln beispielsweise in Bezug auf Beitragsgarantien liberalisiert werden. Zum anderen, indem ein einfaches und verständliches Standardprodukt (zum Beispiel Wertpapierfonds) eingeführt wird, das möglichst alle liquiden Anlageklassen umfasst. Mir ist bewusst, dass Kapitaldeckung in der Altersvorsorge oder bei der Absicherung anderer großer Lebensrisiken wie Gesundheit und Pflege in Deutschland bei vielen Menschen einen schlechten Ruf hat. Ein so wichtiger Bereich wie die Altersvorsorge dürfe nicht den Schwankungen der Kapitalmärkte ausgesetzt werden. Gleichzeitig beklagen aber oftmals dieselben Menschen, dass im Jahr 2023 DAX-Konzerne 54 Milliarden Euro an Dividenden ausschütten[27] und „die Reichen noch reicher“ machen – „fürs Nichtstun“. Unsere Wirtschaft kann alle Bürger wohlhabender machen. Anlage in Aktien ist nicht gleich Spekulation – mit einer klugen weltweiten Risikostreuung kann sowohl dem Kursrisiko als auch der deutschen Demografie begegnet werden. Im Rahmen dessen sollten wir auch dafür Sorge tragen, dass wir jungen Menschen bereits in den Schulen Wissen und grundlegende Kenntnisse über Geld, Kapitalmärkte und die Möglichkeiten der Geldanlage – auch für die private Altersvorsorge – vermitteln. Zumindest sollte jeder Mensch die Möglichkeit erhalten, sich mit diesem Thema auseinandersetzen zu können.

Ein letzter Punkt: Das deutsche Rentensystem ist extrem unübersichtlich. Es ist so schwer zu durchschauen, dass manche Experten die heutige Rentenversicherung sogar als rechtsstaatswidrig empfinden, „weil sie niemand mehr versteht. Selbst die, die sich jeden Tag damit befassen, wissen nicht mehr, wie Beiträge oder Renten zu berechnen sind, weil es zu viele Ausnahmen gibt."[28] Insbesondere junge Menschen scheuen die Auseinandersetzung mit der und den Gedanken an die Altersvorsorge. Wer dachte mit 20 anders? Sicherlich nur die wenigsten. Wir können und sollten heute moderne Kanäle nutzen und Informationen digital anbieten, um Jugendliche dort zu erreichen, wo sie zu Hause sind. Auch die Verwaltung muss bei ihrer eigenen Kommunikation mehr auf Social Media zurückgreifen. Damit jede und jeder eine informierte Entscheidung über die eigene Altersvorsorge treffen kann, rege ich ein digitales Renteninformationssystem an. Dort kann jederzeit die Höhe der zu erwartenden Renten festgestellt werden. Zudem sollen sich alle Menschen über gesetzliche, betriebliche und private Rentenvorsorge informieren können.

Fünf konkrete Forderungen für ein generationengerechtes Rentensystem:

1. Länger leben – mehr Zeit für den Ruhestand, aber auch länger arbeiten. Die Rente mit 67 sollte konsequent umgesetzt werden. Das gesetzliche Renteneintrittsalter ist perspektivisch an die Lebenserwartung zu koppeln. Drei Jahre länger leben sollen in zwei Jahre länger arbeiten und ein Jahr mehr Ruhestand aufgeteilt werden.
2. Aktienanteile in der „dritten" Säule bei der Rente stärken. Es soll ein verpflichtendes Standardprodukt bei der privaten Altersvorsorge eingeführt werden. Niedrige Einkommen werden staatlich unterstützt.
3. Abkehr von der Kennziffer „Rentenniveau". Das „Rentenniveau" ist kein geeigneter Indikator, um das Problem der Altersarmut zu erfassen. Es darf nicht länger zentraler Maßstab für die Rentenpolitik sein.
4. Digitales Rentenkonto einführen und die Verwaltung der Deutschen Rentenversicherung modernisieren. Eine

Online-Übersicht über die individuellen Ansprüche in den verschiedenen Formen der Altersvorsorge schafft Transparenz und sensibilisiert jeden einzelnen für seine Absicherung im Alter. Dass diese langjährige Forderung der Unternehmensverbände mit dem Rentenübersichtsgesetz vom 17. Februar 2021 in die Umsetzung gebracht werden soll,[29] begrüße ich mit großer Freude. Nur müssen den Ankündigungen jetzt auch die entsprechenden Taten folgen.

5. Generationengerechtigkeit ins Grundgesetz. Die Generationengerechtigkeit muss institutionell gestärkt werden. Politische Vorhaben müssen sich daran messen lassen, ob sie Belastungen für die zukünftigen Generationen darstellen.

Ein Staat, der sich nicht mehr als Unternehmer versucht

Der Staat leistet sich den Luxus, eigene Wirtschaftsbetriebe zu unterhalten. Laut Bundesbeteiligungsbericht 2022 war der Bund an 506 Unternehmen unmittelbar oder mittelbar beteiligt – so an der Deutschen Post und der Telekom, um zwei nach dem Verkauf der Lufthansa-Beteiligung verbliebene Big Player zu nennen.

Wie wir wissen, ist der Staat aber nie der bessere Unternehmer. Das zeigt das Debakel um den Bau des Berliner Flughafens. Deshalb sollten alle Bundesbeteiligungen an Unternehmen verkauft und zweckgebunden zum Schuldenabbau verwendet werden.

Der Verkauf der Lufthansa-Beteiligungen war beispielsweise ein guter Anfang und zeigt, was möglich ist. Mit 1,07 Milliarden Euro überstiegen die insgesamt erzielten Erlöse den Erwerbsbetrag von 306 Millionen Euro deutlich. Unter dem Strich ist ein Gewinn von 760 Millionen Euro übrig geblieben.[30]

Ein Verkauf der Telekom-Beteiligungen in Höhe von 30,5 Prozent könnte bei dem gegenwärtigen Börsenwert von 83 Milliarden Euro sogar einen Erlös von rund 25 Milliarden Euro erbringen, der zum Schuldenabbau genutzt werden könnte. Wenn der Staat mit dem Verkauf von Unternehmensbeteiligungen einen so guten Schnitt machen kann, warum sollte er diese Chance nicht nutzen? Nicht nur aus meiner Sicht sprechen eine Reihe von Argumenten gegen staatliche Beteiligungen. Zuerst: Jede Investition in ein Einzelunternehmen ist mit Risiko verbunden. Dieses Investitionsrisiko können Unternehmer und Privatleute eingehen, die mit ihrem eigenen Kapital haften. Der Staat haftet dagegen mit unser aller Geld – und hat dazu kein wirkliches Mandat. Dass eine staatliche Investition erfolgreich sein wird, ist ja keinesfalls ausgemacht, weswegen man ja bei jeder Entscheidung von einem unternehmerischen Risiko spricht. Im Falle einer staatlichen Beteiligung liegt dieses Risiko bei Ihnen und bei mir, ohne dass wir auf die Entscheidung hätten Einfluss nehmen können.

Nach welchen Kriterien entscheidet der Staat überhaupt, in welches Unternehmen er investiert? Denn in der Krise Unternehmen zu stützen, denen man eine gesamtstaatliche Bedeutung zumisst, kann legitim sein. Dann aber sollte es auch ein von Anfang an festgelegtes Ausstiegsszenario geben. Justus Haucap, Gründungsdirektor des Düsseldorf Institute for Competition Economics (DICE), schlägt beispielsweise vor, dass man festlegen könnte, dass die Anteile verkauft werden müssen, wenn es zwei Jahre in Folge in Deutschland wieder Wachstum gegeben hat.[31]

Aber warum steigt der Staat beispielsweise in ein bestimmtes Biotech-Unternehmen ein und sichert diesem Unternehmen einen besonderen Vorteil? Was gleichbedeutend damit ist, andere Unternehmen direkt und in der Folge meist auch indirekt zu benachteiligen. Politik neigt dazu, die politischen Rahmenbedingungen so zu gestalten, dass diese den „eigenen“ Unternehmen besonders helfen. Diese politische Ausgestaltung der Rahmenbedingungen wird immer wieder in den Gutachten der sogenannten Monopolkommission kritisiert. Im letzten Sektorgutachten Telekommunikation forderte die Kommission beispielsweise, dass der Wechsel von Kupfer- auf Glasfasernetze wettbewerbskonform ausgerichtet werden sollte. Die herrschenden Rahmenbedingungen könnten den Wechselprozess „insgesamt zu Lasten kleinerer Glasfasernetzbetreiber wettbewerbsverzerrend verlangsamen".[32]

Eine weitere Gefahr besteht darin, dass „scheintote" Unternehmen und Geschäftsmodelle aus politischen Gründen künstlich am Leben gehalten werden. Seit Jahren siecht das Geschäftsmodell „Innenstadt-Kaufhaus" seinem Ende entgegen. Wir alle haben es auf dem Gewissen, denn wir hätten ja hingehen und dort kaufen können, statt bei Amazon und Zalando zu bestellen. Trotz mehrerer Insolvenzen und Eigentümerwechsel wurde und wird jedoch allerorten staatliches Geld in die verbliebenen Häuser hineingepumpt. Die Galeria Karstadt Kaufhof GmbH erhielt eine 700 Millionen Euro schwere Staatsbeteiligung samt Kredit. Dies sei, so berichtete der *Spiegel* aus dem Wirtschaftsministerium, eine „politische Rettung, keine wirtschaftliche". Dass es sich um politische Gründe handelte, ist offensichtlich, denn wenn es eine positive Prognose gegeben hätte, dann hätte sich am Kapitalmarkt ein privater Investor gefunden.

Der Staat verzerrt durch seine Beteiligungen – vor allem dann, wenn sie sich in eine „Bestandsgarantie" verwandeln – den privaten Wettbewerb. Aber genau der sorgt für attraktive Angebote und innovative Produkte.

Wenn der Staat dagegen aus industriepolitischen Gründen die Finanzierungsmöglichkeiten für ganze Branchen fördern will, dann hat er dafür andere Instrumente und könnte Fonds auflegen, die allen Unternehmen der Branchen zugutekommen. Gerade für Start-ups ist jedoch auch diese Lösung nicht nur positiv zu sehen. Dazu später mehr.

Für Wohlstand durch ein neues Bildungswunder

Der Wunsch nach einer nachhaltigen Zukunft ist getragen von der Verantwortung für die kommenden Generationen. Für diejenigen, die jetzt zwischen 50 und 60 Jahren alt sind, liegt der Gedanke nahe, dass es für sie ökonomisch und ökologisch „schon noch reichen" wird – für die älteren Jahrgänge wie meine Großeltern gilt das umso mehr. Nicht nur mit Blick auf das mehr als angespannte Rentensystem ist dieser Gedanke grundfalsch. All unser Tun muss darauf ausgerichtet sein, auch den kommenden Generationen einen leistungsfähigen Staat zu hinterlassen. Dieser Gedanke ist nicht nur altruistisch. Denn natürlich werden die jetzt jungen Menschen später die Organisation für die Versorgung und Pflege der Generationen vor ihnen übernehmen müssen – und das hoffentlich auch tun. Dazu müssen wir aber auch Bedingungen schaffen, die es ihnen ermöglichen, dieser Verantwortung gerecht werden zu können.

Alle Maßnahmen, die ich in diesem Abschnitt skizzieren werde, sind darauf ausgelegt, unseren Kindern zu ermöglichen, ihr volles Potenzial auszuschöpfen. Denn sie sind die Zukunft Deutschlands. Sie sind es, die in einigen Jahren die Rente bezahlen, Unternehmen gründen oder durch ihre Leistung Wirtschaft und Gesellschaft stärken und so den Sozialstaat letztlich erst ermöglichen werden.

Bis die Vorschläge wirksam werden, wird Zeit vergehen. Es ist aus meiner Sicht daher nicht nur nötig, diese Maßnahmen mit der gleichen Dringlichkeit anzugehen wie die bereits beschriebenen Maßnahmen zum Klimaschutz, sondern wir müssen sie als weitere Maßnahmen zur Bekämpfung der Folgen des Klimawandels betrachten. Ökologischer und ökonomischer Fortschritt ist nur durch Innovation und neues Wissen zu realisieren. Und die Grundlage dieses Fortschritts ist Bildung. Wir können es uns nicht erlauben, das Potenzial, das in diesen Zusammenhängen liegt, weiter zu verschleudern.

Wer die Zukunft positiv gestalten möchte, kommt nicht umhin, Kinder mit den bestmöglichen Grundlagen auszustatten. Neben der unersetzlichen elementaren Prägung und Bildung innerhalb der Familie beginnt das bereits und insbesondere im Kindergarten. Obwohl in diesem Bereich langsam ein Bewusstseinswandel stattzufinden scheint, liegt die Priorität der öffentlichen Bildungsfinanzierung derzeit eher im Hochschulbereich, obwohl gerade diese Form der staatlichen Investitionen in Bildung aus meiner Überzeugung viel weniger notwendig ist, wie ich später erklären werde.

Wir müssen uns darüber im Klaren sein, dass es nicht allein die Akademiker, Informatiker und Ingenieure sein werden, die unser Land voranbringen, unseren Lebensstandard sichern und die Gesellschaft stabilisieren, sondern auch die Facharbeiter und Handwerker. Und es nützt niemandem, wenn ein stark akademisiertes Schulsystem Jahr für Jahr Zehntausende Schulabbrecher hervorbringt, die vom Sozialstaat aufgefangen werden müssen.

Frühkindliche Bildung nützt allen, auch dem späteren Akademiker. Unser Ziel sollte doch sein, präventiv tätig zu werden, statt nachträglich aufzuräumen, und wirklich jedem Kind – gleich welcher Bildungsweg später eingeschlagen wird – ein gutes Fundament für das spätere Leben mit auf den Weg zu geben.

Gleichzeitig ist frühkindliche Bildung ein wirksames Instrument konsequenter Integration. Denn von erfolgreicher Einwanderung lässt sich nur sprechen, wenn auch die Kinder der Einwanderer vollwertige Mitglieder unserer Gesellschaft werden und ihnen die gleichen Chancen offenstehen wie den „Ortsansässigen". In Deutschland liegt jedoch aktuell die Wahrscheinlichkeit für ein Kind mit Migrationshintergrund, eine Hauptschule zu besuchen, mehr als fünfmal so hoch wie bei einem deutschen Kind. Auf der anderen Seite ist die Wahrscheinlichkeit einer gymnasialen Karriere nur halb so hoch.[33]

Um frühkindliche und schulische Bildung wirklich voranzubringen, muss die Bildungsfinanzierung neu organisiert werden. Ich plädiere für eine Umschichtung der öffentlichen Gelder hin zur frühen Bildungsphase bei gleichzeitiger Offenheit für Studiengebühren – zur Stärkung der Chancengerechtigkeit und zur Herstellung von Startchancengerechtigkeit. Es darf keine Frage der Herkunft sein, welche Möglichkeiten der persönlichen Entfaltung sich einem Individuum bieten.

Ich halte eine vollständige Finanzierung der frühkindlichen Bildung aus Steuern für alle aus verschiedenen Gründen für die Lösung. Nur ausreichende und kostenlose Betreuungsmöglichkeiten für Kleinkinder fördern auch die Möglichkeiten der Teilhabe insbesondere von Frauen. Sobald Kinder auf die Welt kommen, stellt sich für einen Elternteil irgendwann die Frage, ob, wann und wie lange die Arbeit unterbrochen werden muss. In den meisten Fällen stellt sich diese Frage immer noch die Frau. Ja, auch heute noch. Das ist Fakt. Möchten wir also Frauen ermöglichen, dem Arbeitsmarkt wieder zur Verfügung zu stehen, braucht es erstens die Chance, hinreichend attraktive Betreuungsmöglichkeiten in Anspruch nehmen zu können, und zweitens dürfen die Kita-Beiträge das Nettogehalt nicht sofort wieder zu großen Teilen auffressen. Was nützt einem der Mindestlohn, wenn er vom Kita-Beitrag aufgezehrt wird? Was nützt ein Studium und ein hochbezahlter Job, wenn durch gestaffelte Kita-Beiträge selbst bei Gutverdienern große Summen des Gehalts verloren gehen. Wenn die Beiträge zu Kindertagesstätten prohibitiv hoch sind, wird sich der „Zweitverdiener“ oft gegen die Aufnahme einer beruflichen Tätigkeit entscheiden. Mit den nicht zu unterschätzenden Folgewirkungen für viele relevante andere Bereiche – Rente, Fachkräftemangel, Armutsgefährdung. Letztlich wirken Betreuungskosten ähnlich wie extrem hohe Lohnnebenkosten. Sie vernichten Arbeitsplätze und stellen noch dazu die Wohlstandsperspektive der Zukunft infrage.

Moderne Politik, die Familien ermöglichen will, aus eigener Kraft Wohlstand zu generieren, muss anders aussehen. Im Fokus stehen hier nicht die Geringverdiener oder Transferempfänger, die in den meisten

Fällen sehr günstigen oder beitragsfreien Zugang zu Kitas haben. Ich spreche von denjenigen, die arbeiten wollen oder dies bereits tun und durch hohe Gebühren zusätzlich bestraft werden oder von der Erwerbstätigkeit ganz oder teilweise abgehalten werden. Bisher müssen sie in vielen Regionen eine teils gravierende Doppelbelastung stemmen. Zum einen zahlen Arbeitnehmer über ihre Steuern schon für das Angebot der Kindertagesstätten. Auf der anderen Seite müssen sie dann auch noch – über teils eklatant hohe Beiträge – für finanziell schlechter gestellte Familien mitzahlen.

Diese zweite Finanzierungssäule durch Gebühren und Beiträge für diesen Teil der Gesellschaft unangetastet zu lassen wäre absolut kontraproduktiv. Dass auch sie eine kostenlose Betreuung in Anspruch nehmen können, wäre ein deutliches Signal, diese leistungsbereite Mitte der Gesellschaft nicht noch zusätzlich zu bestrafen. Denn der Bruttoverdienst ist in solchen Fällen Nebensache. Was am Ende – nach Abzug der Kita-Beiträge – netto bleibt, ist oft erschreckend wenig.

Ich bin für einen sparsamen Umgang mit Steuergeldern. Ich bin für Prioritätensetzung. Aber eines ist klar, eine unserer Prioritäten muss die Investition in Bildung sein. Als Gesellschaft müssen wir uns gute – die richtige – Bildung leisten. Wenn der Staat das Geld seiner Bürger ausgibt, dann sollte damit Sinnvolles erreicht werden, am besten mit einer gesellschaftlichen Rendite. Und dass keine Investition zukunftsweisender und renditeträchtiger ist als die in die Köpfe der jungen und kommenden Generationen, bestätigt die Wissenschaft nahezu einhellig. Eine disziplinübergreifende Gruppe von Spitzenforschern der Leopoldina forderte bereits im Jahr 2014, und somit vor fast zehn Jahren, mehr Investitionen in die Qualität – nicht in die schiere Masse – frühkindlicher Bildung. Diese sei „gesamtwirtschaftlich besonders sinnvoll“. Diverse Studien und Projekte bestätigen das. Eine Langzeitstudie aus den Vereinigten Staaten (das HighScope Perry Preschool Project) zeigt, wie stark und an wie vielen Indikatoren sich der Erfolg frühkindlicher Bildung messen lässt. Die Zahlen belegen deutliche

Vorteile für die Frühgeförderten: mehr Schulabschlüsse, die Mehrheit bezieht im Erwachsenenalter gute Gehälter, mehr Wohneigentum. Die geförderten Jugendlichen waren als Erwachsene auch „dezidiert weniger auf Sozialfürsorge angewiesen", und die Kriminalitätsrate war geringer.[34] Eine stärkere Chancengerechtigkeit stellt also einen Baustein dar, der auch bildungsferneren Schichten einen guten Grundstein für eine ausgebildete soziale Teilhabe mit auf den Weg gibt.

Dass das Geld in frühkindlicher Bildung gut angelegt ist, zeigt ein weiteres Ergebnis derselben Studie: Jeder investierte Dollar warf über neun Dollar „Gewinn" ab, und zwar in Form von geringeren Sozialabgaben und mehr Steuereinnahmen.

Egal aus welcher Fachrichtung die Studie oder der Wissenschaftler kommt, alle sind sich einig, dass Investitionen in eine qualitativ und quantitativ gute frühkindliche Betreuung und insbesondere in die frühkindliche Bildung die nahezu beste Anlage sind, die ein Staat tätigen kann. Sie kommt dem Einzelnen, der Gesellschaft und sogar den Haushalten von Bund, Ländern und Gemeinden zugute.

Bildungsforscher sprechen davon, dass frühkindliche Bildung bereits in den ersten Wochen nach der Geburt anfängt – hier sind selbstverständlich die Eltern gefragt, denn alles Bemühen ersetzt nicht die wesentlich fundamentalere familiäre Bindung, sondern kann nur daran anknüpfen und diese ergänzen. Spätestens im Kindergarten jedoch kann und muss der Staat einen Beitrag leisten. Nicht im Sinne einer von Rot-Grün seit Langem angestrebten Lufthoheit über die Kinderbetten, sondern indem er ideologiefrei Rahmenbedingungen schafft, die der Bildung und Entwicklung des Kindes zugutekommen.

Dazu muss die Quantität, aber auch die Qualität stimmen. Und in diesem Bereich muss – trotz einer Entwicklung in die richtige Richtung innerhalb der letzten Jahre – in Deutschland noch mehr passieren. Allein der Betreuungsschlüssel in manchen Bundesländern weist eher darauf hin, dass die Kinder nur notdürftig „verwahrt" werden und die Erkenntnis, dass frühkindliche Bildung auch eklatant wichtig für den gesamtgesellschaftlichen Wohlstand ist, noch nicht vollständig durchgedrungen ist.

Eine gute Grundlagenbildung fördert auch die Durchlässigkeit des Bildungssystems und sorgt dafür, dass auch bildungsferne Schichten eher eine akademische Laufbahn einschlagen können, als dies aktuell der Fall ist. Ein guter Verdienst sorgt wiederum für eine auskömmliche Rente, ganz ohne staatliche Zuwendungen. Gute Bildung ist die beste Form der Armutsvermeidung und in jedem Falle besser als staatliche Transferzahlungen. Bei der frühkindlichen Bildung werden die Grundlagen für jedes Kind gelegt und somit eine Weichenstellung vorgenommen, die wesentlich für den weiteren Lebensweg eines jeden Kindes ist. Und hier gilt: Jeder Bürger, der dem Arbeitsmarkt fernbleibt, ist einer zu viel.

Der Fachkräftemangel ist inzwischen ein offensichtliches Problem. Bis zum Jahr 2035 wird sich das Erwerbspersonenpotenzial um sieben Millionen verringern. Dabei liegt die Fachkräftelücke schon jetzt auf Rekordniveau. 320.600 Arbeitskräfte fehlen aktuell mit Kompetenzen in den MINT-Fächern Mathematik, Informatik, Naturwissenschaft und Technik. Das sind 81.300 fehlende Arbeitskräfte in Energie- und Elektroberufen, 49.000 in Maschinen- und Fahrzeugtechnikberufen, 46.400 in IT-Berufen und viele mehr. Durch den demografischen Wandel wird die Suche nach Fach- und Arbeitskräften zukünftig immer schwieriger.

Auch an anderer Stelle schlägt sich ein Fachkräftemangel nieder: in der Schule. Bis 2035 fehlen jährlich rund 1.600 Lehrkräfte. Das Beratergremium der Kultusministerkonferenz schlägt deshalb vor, dass Lehrer mehr arbeiten sollten. Empfohlen wird, dass Lehrkräfte aus dem Ruhestand geholt, Unterrichtsstunden erhöht, Auslandsabschlüsse leichter anerkannt und Teilzeitarbeit begrenzt wird. Diese Vorschläge sind durchaus diskussionswürdig, dürften aber auch zulasten der Qualität gehen. Um diese zu sichern, ist es notwendig, dass Lehrer genug Zeit haben, sich auf die Unterrichtsgestaltung zu fokussieren.

Sinnvoll wäre es daher, wie in einem Unternehmen, nach Kompetenz zu differenzieren. Dafür bräuchte es an Schulen fest eingeplante Stellen für Verwaltungsmitarbeiter, Schulsozialarbeiter, Psychologen und qualifizierte Quereinsteiger.

Wir müssen uns vor allem um die künftige Generation von Lehrern kümmern und den Beruf attraktiver machen, auch abseits der Bezahlung. Denn vor allem fehlt es an Anerkennung für diesen wichtigen und anspruchsvollen Beruf. Nur jeder fünfte Deutsche würde seinem Kind einen Lehrerberuf empfehlen. In China, Indien und den USA hingegen raten mehr als 40 Prozent der Eltern ihren Kindern, Lehrer zu werden.[35]

Dass Deutschland außerdem der Tech-Nachwuchs ausgeht, ist eine gravierende Entwicklung für die Zukunft unseres Wirtschaftsstandorts. Mein Appell an uns alle ist: Wir müssen die sogenannten MINT-Kompetenzen durch konkretes Handeln stärken. Zwar existiert inzwischen ein speziell eingerichtetes Nationales MINT-Forum zur Stärkung der MINT-Kompetenzen – doch passiert ist bislang zu wenig. Dabei gilt auch hier: „Machen ist wie wollen, nur krasser!"

Drei Vorschläge für ein neues Bildungswunder

1. Wir müssen das Lehrkonzept anpassen. Schülerinnen und Schüler sollten früh mit digitalen Werkzeugen und Technologien in Kontakt kommen. Dazu braucht es digitale Unterrichtskonzepte, Kommunikationstools und KI-basierte Lernprogramme. Es gilt, die Lehrpläne stärker auf MINT-Fächer auszurichten. Außerdem brauchen wir die Pflicht, bis zum Schulabschluss mindestens zwei MINT-Fächer zu belegen.
2. Wir brauchen eine neue Strategie für die Lehrkräfte. MINT-Fächer sollten auch im Lehramtsstudium eine größere Rolle spielen. Hier gilt es, die Attraktivität des

Lehramts, insbesondere bei MINT-Fächern, zu erhöhen. Auch das Thema Quereinsteiger und die Erhöhung der Lebensarbeitszeit bei Lehrern darf kein Tabu sein. Wir sollten außerdem vermehrt entsprechende Fortbildungen anbieten. Denn nur mit ausreichend geschulten Lehrkräften können wir den Schülerinnen und Schülern ihre beruflichen Perspektiven frühzeitig eröffnen.

3. Wir müssen MINT-Fächer insbesondere für Frauen attraktiver machen. 2021 lag der Frauenanteil in den MINT-Berufen bei gerade einmal 15,5 Prozent. Das muss sich ändern. In der Schule müssen wir Stereotypen und Vorurteilen entgegenwirken, Mut zusprechen und weibliche Vorbilder in Schulbüchern sichtbarer machen. Die Naturwissenschaften bieten beste Chancen für den Arbeitsmarkt, hohe Löhne und Karriere. Das sollte allen Schülern vermittelt werden.

Dennoch ist eine Konzentration auf MINT-Kompetenzen ausdrücklich nicht gleichbedeutend mit der zwangsläufigen Aufnahme eines entsprechenden Studiums. Es sind nicht nur Informatikstudenten, die das Land voranbringen. Es sind auch andere Fachkräfte, die – zum Teil ohne Studienabschluss – tagtäglich durch Leistung am Arbeitsplatz die Gesellschaft bereichern. Familienunternehmer berichten mir, dass sie händeringend solche Arbeitskräfte suchen. Gleichzeitig ist der Bildungsstand, den Auszubildende bei der Bewerbung aufzeigen, teilweise erschreckend schlecht – die Folgen der Corona-Pandemie haben hier noch gar keine Berücksichtigung gefunden. Diesen Widerspruch gilt es mit einer guten Grundlagenbildung und einer ausreichenden Finanzierung des Schulsystems aufzulösen, die für alle – angehende Akademiker wie fähige Handwerker – eine gleich gute Grundlage fürs Leben schafft. Kurz gesagt: mehr Geld für Schulen, weniger für Universitäten, da diese sich mehr über Studiengebühren finanzieren könnten.

Einen großen Teil der Finanzierung, der relativ zügig generiert werden kann, könnte die Politik nämlich leicht stemmen, indem die Hochschulfinanzierung umgestellt wird. Mit dem Erreichen eines guten Schulabschlusses hat der Staat seine Aufgabe erfüllt und jedem Kind und Jugendlichen das richtige Rüstzeug mit auf den Weg gegeben, um seines eigenen Glückes Schmied zu sein. Die viel zitierte Chancengerechtigkeit ist somit gegeben. Was der Einzelne nun daraus macht, sollte jedem selbst überlassen bleiben.

Es ist nicht nachvollziehbar, warum noch immer die ganze Gesellschaft für ein Studium aufkommt, das zwar auch der Gesellschaft nützt, aber dem Einzelnen ebenso viel. Zumal hier auch schon eine eigene Entscheidung über eine individuelle Spezialisierung stattfindet – das Studium also bereits eine Art Berufsausbildung darstellt. Das Äquivalent hingegen, der Meistertitel, ist schließlich ebenfalls mit finanziellen Investitionen für den Einzelnen verbunden. Obwohl dieser im Prinzip ebenso wie ein Studium eine berufliche Qualifikation darstellt, muss derjenige, der diesen Titel erwerben möchte, ihn eigenständig mit meist mehreren Tausend Euro finanzieren. Es wäre also nur fair, hier eine Angleichung der Bedingungen vorzunehmen.

Zumal das deutsche System nicht einmal das gesetzte Ziel erreicht, das Bildungssystem durchlässiger zu machen. Deutschland hat im internationalen Vergleich immer noch recht schlechte Werte, wenn es darum geht, Kinder aus einkommensschwachen Schichten zu einem Studium zu bewegen. Derzeit wird der Hochschulsektor jedoch mit finanziellen Mitteln zugeschüttet, ohne dass diese an Effizienzkriterien oder qualitative Verbesserungen gebunden werden. Dabei könnte in dieser Bildungsetappe mit Stipendien und Kreditprogrammen eine Finanzierung für jeden Einzelnen sichergestellt werden (ein Vorbild könnte beispielsweise das australische Modell sein). Das Institut der deutschen Wirtschaft in Köln bescheinigt einer solchen Finanzierung sogar eine höhere Effizienz.[36] Das australische Modell, das den Einzelnen an der Finanzierung seines Hochschulstudiums beteiligt und somit eine Nutzerfinanzierung darstellt, Effizienz ins System bringt und gleichzeitig auch – über bestimmte Kriterien, an welche die Rückzahlung der Kredite gebunden ist – das Risiko einer überbordenden finanziellen Belastung für den Kreditnehmer ausschließt, ist aus meiner Sicht ein gelungenes Beispiel, wie man derlei Finanzierungsmodelle ausgestalten kann. Die Rückzahlung wird nachfolgend an das Einkommen beziehungsweise an eine bestimmte Einkommenshöhe gekoppelt. So kommt kein Akademiker in finanzielle Schwierigkeiten.

Insgesamt können durch die Umstellung auf ein System von Stipendien und Krediten, die für jedermann leicht zugänglich und erhältlich sind, öffentliche Mittel zielführend und sogar mit einer Steigerung der Qualität der Hochschulbildung eingespart werden.

Für gute Standortpolitik statt Abstieg

Selbstverständlich spielen die Themen der vorangestellten Kapitel in eine kluge Standortpolitik hinein – insbesondere das große Thema Bildung, bei dem ich mich vor allem auf die Bereiche frühkindliche Bildung und Hochschulfinanzierung konzentriert habe. Kluge Köpfe sind die Ressourcen, die wir in Zukunft nutzen müssen, wenn wir Innovationen, auch im Klimaschutz, anschieben wollen.

Innovationstreiber und Grundlage unseres gesellschaftlichen Wohlstands sind die Unternehmen. Sie sind es auch, die die universitäre Grundlagenforschung zum Nutzen der Gesellschaft in die Praxis bringen. Aktuelles, leuchtendes Beispiel ist das Mainzer Pharmaunternehmen BioNTech, das auf Basis der universitären Grundlagenforschung in Rekordzeit einen Corona-Impfstoff entwickelt hat: ein technologischer Durchbruch aus Deutschland. Und davon benötigen wir noch viel mehr.

Stimmen müssen dafür vor allem die Rahmenbedingungen: für die Forschung, für die Unternehmen und natürlich für die Arbeitnehmer.

Für die Ausgestaltung der Rahmenbedingungen, unter denen Unternehmen arbeiten und wirtschaften können, ist der Staat zuständig.

Und hier kommt die Krux: Wir können uns öffentlichkeitswirksam darüber beklagen, dass das Aushängeschild BioNTech seine Forschungsabteilung ins Ausland verlagert oder dass inzwischen kein deutscher Konzern mehr unter den weltweiten Top 100 der börsennotierten Unternehmen zu finden ist. Oder: Wir analysieren, warum Deutschland als Standort nicht mehr attraktiv genug ist, und ändern dann die Rahmenbedingungen. Problemerkennung und Analyse müssen eine Aktion zur Folge haben, denn sonst werden in wenigen Jahren tatsächlich das Gendern und die DSGVO (Datenschutz-Grundverordnung) unsere „Exportschlager" sein, wie Dr. Oliver Pott, Gründer mehrerer erfolgreicher Tech-Unternehmen und Kapitalgeber, resigniert festgestellt hat.

Noch hat Deutschland zwar viele mittelständische Weltmarktführer sowie nicht börsennotierte Global Player wie Lidl, Aldi oder den Autozulieferer Bosch. Dieses Potenzial dürfen wir nicht noch weiter durch Technologie-Angst und Fantasien vom „Ende des Kapitalismus" gefährden, wobei ja allein dies suggeriert, dass wir in Deutschland gerade eine Ära des zügellosen Neoliberalismus erleben – was Unsinn ist. Der als Schreckensbild an die Wand geworfene Manchester-Kapitalismus, der am Ende dafür sorgen würde, dass „die Masse des Elends, des Drucks, der Knechtung, der Degradation, der Ausbeutung, aber auch die Empörung"[37] immer weiter zunehmen würde, ist genau das: ein Schreckensbild. Die Wirklichkeit ist, dass rund die Hälfte des Bruttoinlandsprodukts durch staatliche Kassen läuft und wiederum rund ein Viertel in Form von Sozialleistungen umverteilt wird.

Vielleicht bewerteten auch angesichts dieser Zahlen drei Viertel der Teilnehmer einer Umfrage[38] aus dem Jahr 2022 das deutsche ökonomische System positiv. Ein Bedürfnis nach Deindustrialisierung lässt sich aus diesen Zahlen beim besten Willen nicht herauslesen. In der Wählerschaft von CDU, FDP, Grünen und SPD gab es bei der Bewertung keine wesentlichen Unterschiede. Es gab auch keine signifikanten

Unterschiede in Bezug auf den Migrationshintergrund oder die derzeitige Ansässigkeit der Befragten in Ostdeutschland. Die Mehrheit in unserem Land trägt unser Wirtschaftssystem mit und schätzt es. Gerade deshalb dürfen wir für eine nachhaltige und generationengerechte Zukunft Unternehmertum und Unternehmen nicht weiter schwächen, sondern müssen vielmehr dafür sorgen, dass sie beste Wachstumsgrundlagen vorfinden. Dabei müssen wir nicht nur bestehende Unternehmen im Blick haben, sondern auch Neugründungen. Dass wir zu diesen Neugründungen auch motivieren und einladen müssen, ist dabei noch einmal ein gesondertes Thema.

Von den Antworten, die wir als Gesellschaft auf die folgenden Fragen geben, hängt unser Wohlstand maßgeblich ab: Lohnt es sich noch, in Deutschland unternehmerisch tätig zu sein? Ist unser Land so attraktiv, dass Unternehmen hier gegründet werden, sich ansiedeln und bereit sind, hier zu investieren? Sind wir attraktiv genug für gut qualifizierte Mitarbeiter aus dem Ausland? Denn auch auf die Gefahr hin, mich zu wiederholen: 30 Prozent aller heute Beschäftigen in Deutschland (oder 13 Millionen) werden in den nächsten 15 Jahren in Rente gehen. Nur knapp die Hälfte davon wird an jungen Menschen nachkommen. Wer glaubt, dass uns qualifizierte junge Menschen aus dem Ausland die Tür einrennen, dem möchte ich eine Szene von Christian Lindners Afrikareise im Februar 2023 in Erinnerung rufen. Was war geschehen? In einer Rede vor Studenten in Ghanas Hauptstadt Accra warb der Finanzminister für den Wirtschaftsstandort Deutschland. Man könne in der Industrie arbeiten, in der Technologie, in der IT und sogar im öffentlichen Dienst. Er bat diejenigen Studenten, für die Deutschland eine Option sei, um ein Handzeichen. Das Ergebnis war – um es deutlich zu sagen – ernüchternd. Dass er sich im Anschluss die Telefonnummern der Kandidaten notieren wolle, war zwar auflockernd gemeint, hätte aber bei der geringen Personenzahl durchaus in wenigen Minuten in die Tat umgesetzt werden können. Konsterniert stellte Lindner fest: „Nur so wenige?“[39]

Wir müssen aktiv werden und unseren Standort attraktiver gestalten – für Unternehmen und für Mitarbeiter.

Familienunternehmen spielen in Deutschland eine ganz besondere Rolle: Sie sind der Inbegriff von Nachhaltigkeit. Hier wird in Generationen statt Quartalsberichten gedacht. Sie bilden den sozialen Kitt in ländlichen Regionen, finanzieren mit ihren rund 60 Prozent aller sozialversicherungspflichtigen Arbeitsplätze die sozialen Sicherungssysteme und ermöglichen 80 Prozent aller Auszubildenden den Einstieg ins Berufsleben.[40] Deutsche Standortpolitik könnte diese gewachsenen, typisch deutschen Strukturen – in keinem Land der Welt gibt es so viele Familienunternehmen wie in Deutschland – unterstützen. Tut sie aber nicht. Immer häufiger ist das Gegenteil der Fall. Wir haben gegenüber englischsprachigen Ländern bereits den Standortnachteil der Sprache. Umso attraktiver müssen wir als Standort in allen anderen Aspekten werden. Und dort haben wir noch viel Arbeit vor uns.

Auf fünf Bereiche einer klugen Standortpolitik aus Sicht der Familienunternehmen möchte ich mich im Folgenden konzentrieren: Steuerpolitik, Bürokratieabbau, Fachkräftesicherung, Digitalisierung und Gründer-Mindset.

Steuerpolitik als Wachstumspolitik

Steuerpolitik wird heute von vielen regierenden Politikern zumeist als Lenkungsinstrument und unter dem Blick der Umverteilung betrachtet. Kluge Steuerpolitik ist dagegen gleichzeitig Wachstumspolitik und Standortpolitik im doppelten Sinn. Dazu bedarf es allerdings eines grundsätzlichen Richtungswechsels. Unternehmen dürfen nicht die nationalen Melkkühe sein, die über immer höhere Abgaben ideologische Lieblingsprojekte der Politik finanzieren müssen. Stattdessen sollten wir sie als das betrachten, was sie sind: die Zugpferde, die Deutschland aus der Krise ziehen. Damit sie diese Aufgabe erfüllen können, bedarf es endlich rationaler Reformen und keiner Radikalvorschläge wie einer Wiedereinführung der Vermögensteuer, Erhöhung der Erbschaftsteuer oder neosozialistischer Enteignungen.

Die großen steuerpolitischen Versäumnisse der Vergangenheit gefährden gerade in der Krise die Widerstandsfähigkeit der Familienunternehmen in Deutschland. Ziel sollte doch sein, dass die Unternehmen mit ihren Arbeitsplätzen Bestand haben und auch in Zukunft gut wirtschaften können. Im Falle von Familienunternehmen sollen sie gesund an die nächsten Generationen übergeben werden können. Erbschaftsteuerliche Verschonungsregeln für Betriebsvermögen müssen dafür beibehalten und praxisnäher ausgestaltet werden.

Klar muss jedoch vor allem sein, dass wir Unternehmen nur mit einem wettbewerbsfähigen Steuersatz in Deutschland am Leben erhalten und gleichzeitig unsere Standortvorteile – denn die gibt es natürlich auch – für die Werbung um Ansiedlungen und Neugründungen erfolgreich ins Feld führen können.

Und selbstverständlich sind hohe Steuersätze nicht nur für Unternehmen, sondern auch für potenzielle Arbeitnehmer abschreckend. Aus dieser Perspektive spielt kluge Steuerpolitik bereits auf den ersten Blick eine große Rolle bei der Bekämpfung des Fachkräftemangels. Als trauriger Vize-Weltmeister der Steuerbelastung auf Arbeitseinkommen (nach Belgien) unterliegen deutsche Arbeitgeber aber derzeit einem massiven Standortnachteil im Wettbewerb um die besten Köpfe.[41]

Die effektive Steuerbelastung von Unternehmen liegt in Deutschland rund zehn Prozentpunkte über dem EU-Durchschnitt. Im internationalen Vergleich zur Steuerbelastung gehört Deutschland zu den Spitzenreitern. Nur in Ländern wie Japan und Malta ist der Steuersatz noch ein klein wenig höher. Das ist für die Wirtschaft Prozentpunkt für Prozentpunkt ein echter Wettbewerbsnachteil. Eine kumulierte Unternehmenssteuerbelastung von unter 25 Prozent zum Beispiel durch die Senkung des Körperschaftsteuersatzes auf zehn Prozent – und vergleichbare Entlastungen für Personengesellschaften – muss deshalb das Ziel sein. Ganz konkret muss auch die von der Bundesregierung bereits

2021 in Aussicht gestellte Absenkung der Niedrigsteuergrenze von 25 Prozent auf 15 Prozent endlich im Außensteuergesetz umgesetzt werden.

Nicht nur Unternehmen, auch die Bürger ächzen unter der hohen Steuerlast, die auch noch kompliziert zu berechnen ist – denken Sie nur an das Fiasko der Grundsteuererklärung. Auch für Arbeitnehmer sind deshalb konkrete Maßnahmen nötig. Sehr schnell und unkompliziert könnte beispielsweise der inzwischen verfassungsrechtlich fragwürdige Solidaritätszuschlag vollständig und endgültig abgeschafft werden. Die Richter des Bundesfinanzhofs (BFH) kamen Anfang 2023 zu dem Schluss, dass der Soli seine Funktion zum „Aufbau Ost“ spätestens 2025 erfüllt haben wird. Der „Soli“ könne nicht ewig so weitergehen, fasste es auch Gerichtssprecher Volker Pfirrmann zusammen.[42] Seine Abschaffung ist aus meiner Sicht auch deshalb notwendig, weil er Deutschland besonders für dringend benötigte hoch qualifizierte Fachkräfte zusätzlich unattraktiv macht. Denn deren Einkommen fällt in den meisten Fällen in den Anwendungsbereich des Spitzensteuersatzes – der im Jahr 2023 bereits bei einem Einkommen von 62.810 Euro greift![43] Die Arbeitnehmerbelastung muss insgesamt schnell auf ein wettbewerbsfähiges Niveau gesenkt werden. Im Jahr 1965 mussten Arbeitnehmer noch das 15-Fache des Durchschnittslohns verdienen, um vom Spitzensteuersatz erfasst zu werden. 2018 gehörte man in Deutschland schon mit dem 1,5-Fachen des Durchschnittslohns zu dieser Kategorie.[44]

Die Einführung eines Energie-Solidaritätszuschlags für Besserverdienende, was vor allem bei den Grünen auf fruchtbaren Boden fällt, wäre das Gegenteil einer Entlastung und ein weiteres abschreckendes Signal an alle motivierten Fachkräfte im In- und Ausland.

Es ist zudem eine ärgerliche Tradition, dass jede Tarifanpassung zum Ausgleich der kalten Progression als große „Steuerentlastung“ politisch vermarktet wird, obwohl es sich lediglich um die Verhinderung einer schleichenden inflationsgetriebenen Steuererhöhung handelt. Es widerspricht der Steuergerechtigkeit, wenn inflationsausgleichende

Lohnerhöhungen für Arbeitnehmer bei ihnen nicht zu einem Plus an Kaufkraft, sondern zu überproportionalen Steuerzahlungen führen.

Die Lösung für dieses Problem liegt auf der Hand – die Indexierung des Steuertarifs, der Freibeträge und Steuerabzugsbeträge. Ein so gestalteter „Tarif auf Rädern" ist ein internationales Erfolgsmodell: Innerhalb der OECD-Staaten haben unter anderem die USA, Kanada, skandinavische Länder, Belgien und Großbritannien indexierte Einkommensteuertarife. Damit erübrigt sich ein für alle Mal jede sich wiederholende Debatte zu angeblichen Entlastungen durch Tarifanpassungen, die lediglich den Ergebnissen des Progressionsberichts entsprechen. Zugleich dient ein Tarif auf Rädern als Entschärfung von inflationsgetriebenen eskalierenden Tarifkonflikten und stoppt die Lohn-Preis-Spirale.

Steuerpolitische Forderungen, zumal von Unternehmensseite, sind auf den ersten und vor allem mit einem ideologisch gefärbten Blick leicht zu diskreditieren: „Natürlich wollen die Unternehmer und die Gutverdiener niedrigere Steuern, um noch reicher zu werden." Studien[45, 46] zeigen aber, dass sich eine solche Steuerreform positiv auf das Wirtschaftswachstum und die Beschäftigungsquote auswirkt und somit der Gesellschaft als Ganzes zugutekommt. Auf die Gefahr hin, mich zu wiederholen: Der Zusammenhang ist offensichtlich. Wenn die Wirtschaft wächst, wachsen auch die Steuereinnahmen und die Löhne. Wenn mehr Arbeitsplätze geschaffen werden, wachsen die Einzahlungen in die Sozialversicherungen. Wer dieses Wachstumspotenzial heben will, muss unternehmenssteuerliche Bremsen lösen, die Eigenkapitalbildung stärken und Kostenbelastungen radikal auf den Prüfstand stellen. So ist beispielsweise die deutsche Gewerbesteuer im internationalen Vergleich nicht mehr zeitgemäß und sollte in der bestehenden Form abgeschafft werden. Neben Deutschland leistet sich nur noch Luxemburg eine explizite Gewerbesteuer, die zur kontinuierlich ansteigenden Belastung für die Unternehmen beiträgt. Auch zur Steuervereinfachung wäre es überaus wirkungsvoll, die Gewerbesteuer für die Kommunen in andere Ertragssteuern zu überführen. Unter der Voraussetzung einer aufkommensneutralen Reform wäre die Finanzierung der Kommunen weiterhin sichergestellt. Gelingen kann dies beispielsweise durch einen höheren kommunalen Anteil an der Umsatzsteuer und einen kommunalen Zuschlag auf die Einkommen- und die Körperschaftsteuer.

Die Besteuerung einfacher und effizienter zu gestalten muss ein weiteres ausdrückliches Ziel jeder Unternehmenssteuerreform sein. Wie kompliziert das deutsche Steuerrecht auch für Unternehmen im internationalen Vergleich ist, lässt sich sogar in Zahlen ausdrücken. 218 Stunden benötigen deutsche Unternehmen im Schnitt, um ihre steuerlichen Pflichten zu erfüllen. Das sind 57 Stunden, also über sieben Arbeitstage, mehr als im EU-Durchschnitt. In Estland, einem wirklichen digitalen Vorreiter, müssen sich Unternehmen rund 170 (!) Stunden weniger mit Steuerformularen beschäftigen.

Vereinfachte Abschreibungsverfahren, eine Reform der Thesaurierungsbesteuerung, die Abschaffung der Gewerbesteuer oder doch zumindest eine Abschaffung der Hinzurechnungstatbestände in der Gewerbesteuer oder die Verkürzung von Aufbewahrungsfristen: So können 20 Jahre nach der Ankündigung einer Steuererklärung auf dem Bierdeckel – wenn auch nur für die Bürger – Bürokratiekosten eingespart und Gelder für dringend benötigte Zukunftsinvestitionen freigesetzt werden. Wer jedoch die Steuern erhöht oder gar zusätzlich die Vermögensteuer reaktiviert, die immer auch das Betriebsvermögen trifft, bewirkt das Gegenteil: Die Investitionsampel in allen Unternehmen springt sofort auf Rot. Insbesondere eine Wiedereinführung der Vermögensteuer wäre ein echter Investitionskiller. Ihre Auswirkungen auf das Investitionsverhalten sind deshalb so enorm, weil eine Vermögensteuer von einem Prozent die effektive Steuerbelastung rechtsformabhängig um – je nach individueller betrieblicher Aufstellung – um rund 10 bis 25 Prozentpunkte erhöht.[47]

Um Deutschland zukunftsfähig zu machen, gilt es jetzt, eine längst überfällige Unternehmenssteuerreform – die letzte große Reform liegt rund 15 Jahre zurück – nachzuholen, Belastungen zu stoppen und Investitionen zuzulassen.

Entbürokratisierung und Digitalisierung

Die deutsche Bürokratie ist im Ausland zum Klischee geronnen und im Inland gefürchtet. Dabei ist eine moderne, schlanke Verwaltung Voraussetzung für globale Wettbewerbsfähigkeit und damit ein wichtiger Standortfaktor. Ein Schlüssel ist die Vereinfachung der Gesetzgebung und ein radikales Ausmisten des Vorschriftendschungels. Beides darf nicht nur auf Bundesebene passieren, sondern muss Länder- und EU-Ebene einschließen.

In der Bundesrepublik Deutschland gab es im Jahr 2022 insgesamt 1.773 Bundesgesetze mit 50.738 Paragrafen und 2.795 Bundesrechtsverordnungen mit 42.590 Paragrafen.[48] Dazu kommen die Gesetze und Rechtsverordnungen der 16 Länder. Während der 19. Legislaturperiode, die von 2017 bis 2021 dauerte, wurden insgesamt 457 Gesetze verabschiedet. In der vorherigen 18. Legislaturperiode, die von 2013 bis 2017 dauerte, wurden 317 Gesetze verabschiedet. Bis zum 1. Februar 2023 verabschiedete der 20. Deutsche Bundestag bereits 122 Gesetzesinitiativen. Alles unter dem Dach der zahllosen Richtlinien und Verordnungen der Europäischen Union, die Eingang ins nationale Recht finden müssen. Man ist angesichts dieser Produktivität fast erstaunt, dass das Land grundsätzlich auch in der jeweils vorherigen Legislaturperiode funktioniert hat und nicht in Chaos und Anarchie versunken ist. Natürlich ändern sich die Zeiten, und neue Zeiten bringen neue Herausforderungen mit sich, die sich wiederum in Gesetzen widerspiegeln müssen. Und auch ein Gesetz zur Entbürokratisierung ist ein neues Gesetz, das die reine Zahl der Gesetze erhöht. Es geht also nicht primär um eine rein quantitative Verringerung der Gesetzesmenge in allen Bereichen, sondern darum, einen schlanken und modernen Rechtsrahmen für Unternehmen zu schaffen.

Bürokratie sollte reduziert werden, um den Verwaltungsaufwand für Unternehmen und Bürger zu verringern, ohne dabei die Umwelt-, Sozial- und Verbraucherschutzstandards zu senken.

Es gab bereits zahlreiche politische Initiativen, die darauf abzielten, den Paragrafendschungel zu entflechten, mit dem Ziel, die Belastung für Unternehmen und Bürger zu verringern. Im Jahr 2015 hat die Bundesregierung beispielsweise das sogenannte „Entfesselungspaket I" beschlossen, das darauf abzielte, Regelungen im Arbeits- und Umweltrecht zu vereinfachen und zu reduzieren. Im November 2019 wurde das Dritte Gesetz zur Entlastung insbesondere der mittelständischen Wirtschaft von Bürokratie (Drittes Bürokratieentlastungsgesetz) verabschiedet. Die im Koalitionsvertrag vereinbarte „4. Folge" lässt auf sich warten. Sie soll weitere 22 Einzelmaßnahmen umfassen. Auch auf Landesebene und sogar auf EU-Ebene gab und gibt es Initiativen zur Reduzierung der Bürokratie und Regulierung, wie zum Beispiel die „Entfesselungspakete" in Nordrhein-Westfalen und Bayern. Auch diese Initiativen zielen darauf ab, Bürokratie abzubauen und Unternehmen zu entlasten. Auf europäischer Ebene verfolgt die Better-Regulation-Agenda die gleichen Ziele. Die bisherigen Ergebnisse sind insgesamt jedoch überschaubar.

Politiker tun sich schwer mit dem Abbau von Bürokratie. Auch die Ampel hat sich in diesem Bereich viel vorgenommen, aber bisher ohne greifbare Ergebnisse. Im Gegenteil: Der deutsche Gesetzgeber hat die europäischen Vorgaben in einigen Gesetzen sogar übertroffen.

Wenn wir die „Überbürokratisierung" effizient zurückdrängen wollen, muss zum einen die bestehende Bürokratie konsequent abgebaut werden. Zum anderen muss vermieden werden, neue Bürokratie aufzubauen. Dafür braucht es verbindlich festgeschriebene Ziele. Eine One-in-one-out-Regel ist aus meiner Sicht ein wichtiges Instrument der Orientierung, das in den verschiedenen Ministerien ein Bewusstsein für die Auswirkungen einer neuen Verordnung auf die Unternehmen schafft. Die One-in-one-out-Regelung (auch bekannt als „ein

Gesetz rein, ein Gesetz raus" oder „1:1-Regel") ist eine Regel, die angewendet werden kann, um sicherzustellen, dass die Menge an bestehenden Regulierungen nicht unnötig zunimmt. Die Idee dahinter ist, dass jedes Mal, wenn eine neue Regel oder Vorschrift eingeführt wird, eine bestehende Regel oder Vorschrift gestrichen werden muss, um auf diese Weise sicherzustellen, dass das Niveau der Regulierung insgesamt zumindest stabil bleibt. Um einen wirklichen Bürokratieabbau durchzusetzen, bin ich dafür, die Regelung zu einer One-in-two-out-Regelung zu erweitern – für ein neues Gesetz müssen zwei alte Gesetze weichen. Diese Regelung darf dann nicht nur für deutsche Gesetze gelten, sondern sollte zwingend auch für gesetzliche Vorgaben der EU angewendet werden. Auf Bundes- und Länderebene sollte es darüber hinaus verbindliche Ziele für jedes einzelne Ministerium geben.

Ein weiterer zentraler Schlüssel zur Entlastung der Unternehmen und Bürger ist eine umfängliche und endlich konsequent vorangetriebene Verwaltungsdigitalisierung. Die Digitalisierung des Staates macht die öffentliche Verwaltung effizienter, vermeidet doppelte und dreifache Informationspflichten, senkt Transaktionskosten zwischen Behörden und ermöglicht es beispielsweise Unternehmen, sich auf die Herausforderungen der digitalen Transformation zu konzentrieren. Gleichzeitig trägt sie zu einer deutlichen Beschleunigung von Investitionsentscheidungen bei.

Andere Länder machen uns vor, wie es geht: In Estland erfolgt die Gründung eines Unternehmens über das Onlineportal „e-Residency", das von der estnischen Regierung ins Leben gerufen wurde. Die Anmeldung des Unternehmens, die Registrierung des Unternehmensnamens und die Beantragung der Steuernummer können in wenigen Minuten online erledigt werden. Die Genehmigung der Registrierung erfolgt normalerweise innerhalb von ein bis zwei Werktagen. Natürlich ist mir klar, dass Estland nur 1,3 Millionen Einwohner hat und als unitarischer Einheitsstaat ohne föderale Ebene nicht eins zu eins mit Deutschland vergleichbar ist. Aber nichtsdestotrotz sollten wir uns den digitalen Drive zum Vorbild nehmen.

Denn in Deutschland kann die Gründung eines Unternehmens mehrere Wochen oder Monate dauern und erfordert normalerweise ein persönliches Erscheinen bei verschiedenen Behörden. Lange Genehmigungsverfahren, umständliche Amtswege und verfehlte Überregulierung machen diesen Prozess zu einem Hindernislauf. Wer in Deutschland ein Unternehmen gründen will, sollte nicht erst die obligatorischen neun Amtswege vom Gewerbeamt über die Berufsgenossenschaft bis zur Handelsregistereintragung erledigen müssen, sondern schnell und unkompliziert starten können. Junge Leute werden sonst anderswo Unternehmen gründen und weiterführen, weil sie im deutschen Behördendschungel kein Durchkommen sehen.

Es könnte so einfach sein: Entbürokratisierung und Verwaltungsdigitalisierung sind ein fast kostenloses Konjunkturprogramm. Ein besserer Zugang zu Daten würde die Transformation zur Industrie 4.0 und die Schaffung neuer Geschäftsmodelle unterstützen. Genehmigungsverfahren könnten endlich beschleunigt werden. Die Ampelkoalition wirkt jedoch mutlos und unambitioniert. Nachbesserungen sind dringend notwendig. Dafür gibt es jetzt die Chance – unter einer Voraussetzung: Jeder Digitalstrategie muss eine konkrete Umsetzungsstrategie mit einem verbindlichen Zeitplan folgen. Darüber hinaus müssen wir alle bisherigen Verwaltungsabläufe überprüfen sowie das Kompetenzwirrwarr und strukturelle Hürden beseitigen. Dafür sind eine grundlegende Reform des öffentlichen Dienstes sowie der Zusammenarbeit von Bund, Ländern und Kommunen erforderlich. Es ist wenig sinnvoll, wenn jedes Bundesland sein eigenes, zu den anderen nicht kompatibles Nutzerkonto für den Zugriff auf öffentliche Verwaltungsleistungen entwickelt und betreibt. Und: Es reicht nicht aus, die bisherigen analogen Abläufe lediglich digital abzubilden. Sie müssen neu gedacht und neu gestaltet werden.

Zu oft geben wir uns mit einer „Digitalisierung 1.0" zufrieden. In der Verwaltung heißt das zum Beispiel, dass Bürger sich zwar zu Hause ein Formular herunterladen können, dieses dann aber doch persönlich in die Behörde bringen oder mit der analogen Post schicken müssen. Umgekehrt können Verwaltungsmitarbeiter Dokumente zwar online empfangen, dann aber nicht digital weiterverarbeiten. Die Mail muss ausgedruckt oder Daten müssen händisch übertragen werden, um weiterverarbeitet werden zu können. Behörden sind untereinander nicht vernetzt – was insbesondere bei Polizei- und Justizbehörden ein echtes Sicherheitsrisiko bedeutet.

Die jetzt vorliegende Digitalstrategie lässt Schneckentempo statt Turbo erwarten. Der Blick in die EU und auf die starke Konkurrenz von außerhalb der EU zeigt, dass wir die Geschwindigkeit unseres Wachstums erhöhen müssen, um unsere Wettbewerbsfähigkeit zu erhalten. Mein Appell an die Politik ist: Die Digitalisierung muss zur Chefsache werden. Wir brauchen eine Zeitenwende für echte Reformen statt ein Weiter-so.

Geld allein wird diesen Modernisierungsprozess jedoch nicht ermöglichen. Vielmehr gilt es, Denkweisen, Strukturen und vor allem föderalistische Verantwortungen anzupassen. Schon deswegen ist Digitalisierung kein rein technisches Projekt, sondern eine kulturelle und organisatorische Herausforderung.

Damit die Verwaltung schnell digitale Erfahrungen macht, sollte sie mit innovativen und agilen digitalen Profis zusammenarbeiten, die Auftragsvergabe an Gründer fairer gestaltet werden und Mitarbeiter der öffentlichen Verwaltung zu Weiterbildungen in puncto Digitalisierung verpflichtet werden.

Um Verwaltungsprozesse zwischen Unternehmen und Behörden zu vereinfachen, muss das Ziel die unverzügliche deutschlandweite Umsetzung eines „Single Point of Contact" für alle Unternehmen sein – also eine Unternehmensplattform, auf der von der Gewerbeanmeldung bis hin zur Parkerlaubnis für Handwerker alle notwendigen

Verwaltungsdienstleistungen aufgerufen und angefordert werden können. Unternehmen in Deutschland sollen auf dieser zentralen Plattform zukünftig alle für sie notwendigen Verwaltungsdienstleistungen mittels einer zentralen Identifikationsnummer online aufrufen können. Dazu müssen die bestehenden Strukturen gezielt verknüpft werden. Mit wenigen Klicks werden Unternehmen dann die gesuchte Verwaltungsleistung finden und ohne Medienbruch – also ohne Wechsel zwischen Papierformular und E-Mail – vorausgefüllte Anträge stellen können. Die mit dem Unternehmen verbundenen Daten werden im Idealfall automatisch von dem auf der Plattform gespeicherten Konto und Profil in die Anwendung übertragen.

Eine so konzipierte Unternehmensplattform würde den Verwaltungsaufwand von Unternehmen und Handwerksbetrieben merklich reduzieren und Verwaltungs-, Investitions- und Innovationsprozesse beschleunigen.

Darüber hinaus wird nicht nur die Kommunikation zwischen Menschen erleichtert, sondern auch die automatisierte Kommunikation zwischen Endgeräten ermöglicht – was bedeuten würde, dass an dieser Stelle keine Fehler mehr durch manuelle Eingabe passieren können.

Kluge Arbeits- und Fachkräftestrategie

Ich habe die demografische Wand in diesem Buch bereits so oft erwähnt, dass ich an dieser Stelle nicht weiter ins Detail gehen möchte. Wir müssen sie als einen gegebenen Fakt akzeptieren, mit dem kluge Politik umgehen muss.

Kluge – das heißt in diesem Fall vorausschauende – Unternehmer haben zu jeder Zeit einen Überblick über ihren Bedarf an Mitarbeitern. Und zwar sowohl über die Anzahl als auch über die Qualifikation. Natürlich spielen in solche Prognosen viele Unwägbarkeiten hinein. Neue Märkte und neue disruptive Technologien können Personalplanungen ebenso über den Haufen werfen wie unvorhergesehene Ereignisse – die sogenannte höhere Gewalt. Mit der Corona-Pandemie haben wir so ein Ereignis gerade erst erlebt und kämpfen in vielen Branchen noch mit seinen Folgen. So sind viele Arbeitnehmer aus dem Gastgewerbe, die während der Pandemie ihren Job verloren haben, in den Handel abgewandert und haben nicht vor, in „die Gastro" zurückzukehren. Sie fehlen jetzt in Restaurants, Kneipen, Großküchen und der Systemgastronomie. Kein noch so vorausschauender Manager hätte vor vier Jahren diese Umstände vorausgesehen. Aber das – der Ausbruch einer Pandemie, nicht das Folgen-Management – ist höhere Gewalt: etwas Unvorhergesehenes, auf das der Mensch keinen Einfluss hat. Dennoch steht unter regulären Umständen grundsätzlich der Unternehmer besser da, der eine möglichst genaue Prognose aus der Schublade ziehen und sein Recruiting entsprechend aufstellen kann.

Ich weiß sehr wohl, dass es in der Praxis – gerade innerhalb von Konzernstrukturen – zu häufig böse Überraschungen gibt. Irgendjemandem fällt plötzlich auf: „Huch, in sechs Monaten geht unser CFO in Rente!" Hektisch und mit viel finanziellem Aufwand und unter Einbeziehung von Agenturen und Headhuntern wird nun versucht, einen Nachfolger zu finden, obwohl das Datum des letzten Arbeitstags des zu verabschiedenden CFO bereits seit fünf Jahren feststand. Verstärkend wirkt es sich aus, wenn das Unternehmen es versäumt hat, einen Talentpool aufzubauen, um die Position aus dem Kreis der eigenen Mitarbeiter zu besetzen.

Deutschland befindet sich in einer ähnlichen Position. Uns wird zwar nie der CFO – der Chief Financial Officer – fehlen. Aber uns werden Menschen fehlen, die an der Universität lehren, die unsere Photovoltaikanlagen produzieren und installieren. Uns werden Menschen in der Produktion, im Handwerk und im Dienstleistungsgewerbe ebenso fehlen, wie uns Entwickler und Ingenieure fehlen werden. Uns werden Menschen fehlen, die Sie und mich im Falle eines Falles reanimieren.

Die Bundesagentur für Arbeit sieht für Tätigkeiten im Rettungsdienst Hinweise auf „Engpassberufe".[49] Marco König, Vorsitzender des Deutschen Berufsverbands Rettungsdienst, schätzt die Zahl der offenen Stellen im Rettungswesen deutschlandweit auf „eine mindestens hohe vierstellige, eher eine fünfstellige Zahl".[50] Wozu Engpässe führen, beschreibt der *Spiegel* als Systemkollaps: „Zu manchen Zeiten war kurzfristig in der Hauptstadt kein einziges Fahrzeug der Notfallrettung verfügbar. Einsatzkräfte fuhren Notfälle nacheinander ab, wo sonst ein Rettungswagen direkt von einer Wache ausrückt."[51] Fachkräftemangel ist nicht nur persönlich ärgerlich, wenn Sie beispielsweise innerhalb eines Jahres keinen Handwerker finden, der Ihren Hof pflastert, oder wenn niemand kommen will, um sich um ihre verstopfte Toilette oder defekte Heizung zu kümmern, sondern er wirkt sich im wahrsten Sinne des Wortes lebensbedrohlich aus. Nicht nur auf das System. Auch auf Sie persönlich.

Dabei wissen wir sehr genau, was uns erwartet. Über 1,7 Millionen Stellen waren im Oktober 2022 unbesetzt. Geht es nach Prognosen der Bundesagentur für Arbeit, wird die Arbeitskräftelücke im Jahr 2040 bei 8,7 Millionen liegen. Der Fach- und Arbeitskräftemangel gehört damit zu den größten Sorgen – auch in Familienunternehmen. Mehr als drei Viertel der Familienunternehmer leiden unter dem Fachkräftemangel, der in vielen Branchen bereits ein echter Arbeitskräftemangel ist. Wichtige Mitarbeiter fehlen. Und ein wichtiger Mitarbeiter kann heute jemand sein, der zuverlässig und mit Know-how an der Maschine steht.

Unternehmen spüren diesen Mitarbeitermangel naturgemäß als Erste. Für den Bürger wird er dann ersichtlich, wenn er zwar endlich einen Handwerker gefunden hat, diesem aber das Material fehlt, das der Mensch an der Maschine produziert beziehungsweise eben nicht produziert hat. Es ist deshalb nur logisch, dass besonders Unternehmer vom Arbeitsministerium, aber auch vom Wirtschaftsministerium fordern, dieses Problem anzugehen. Es gibt verschiedene Lösungsmöglichkeiten – doch umgesetzt werden bislang kaum welche. Mit einer neuen Fachkräftestrategie der Bundesregierung soll nun Abhilfe geschaffen werden. Schaut man sich die Inhalte näher an, wird jedoch schnell klar: Die Strategie greift zu kurz.

Die Bundesregierung bleibt bei der Bekämpfung des akuten Fachkräftemangels hinter ihren Möglichkeiten zurück. Als Unternehmerin sehe ich fünf große Hebel, die wir jetzt nutzen müssen:

1. Bildung und Ausbildung

Wenn die Gesellschaft, wie unsere, durch die demografische Entwicklung immer älter wird, müssen wir die Potenziale der wenigen Jungen besonders effektiv nutzen. Wir können es uns nicht länger erlauben, dass noch immer 45.000 junge Menschen pro Jahr die Schule ohne Schulabschluss verlassen oder Ausbildungsplätze nicht besetzt werden können. Im Ausbildungsjahr 2022 standen laut Institut für Arbeitsmarkt- und Berufsforschung 434.000 Lehrstellenbewerbern 512.000 Ausbildungsplätze gegenüber. Knapp 40 Prozent der Ausbildungsplätze konnten nicht besetzt werden.[52]

Lösungsansätze liegen in einer Verbesserung unseres Bildungssystems, insbesondere im Ausbau der Qualität und der Kapazitäten in den Kindertagesstätten bis hin zum Ausbau von Ganztagsschulen.

Nach wie vor sind Fachkräfte im MINT-Bereich sehr gefragt. Wie schon ausführlich beschrieben, müssen die Lehrpläne in den Schulen stärker auf diese Fachrichtungen ausgerichtet werden. Jeder Schüler sollte bis zu seinem Schulabschluss mindestens zwei MINT-Fächer belegen. Auch sollte in der Sekundarstufe I durchgängig eine Naturwissenschaft als versetzungsrelevant eingestuft werden. Ein Schulfach „Wirtschaft“ kann darüber hinaus unternehmerische Grundkenntnisse vermitteln und als Instrument der Berufsorientierung dienen.

Die berufliche Ausbildung in unserem Land ist ein Erfolgsfaktor. Aber auch hier sind beständige Anpassungen an den technologischen und strukturellen Wandel notwendig, insbesondere wenn es um die

Digitalisierung geht. Die Attraktivität der dualen Ausbildung kann gesteigert werden, wenn man weiterführende Bildungsoptionen, zum Beispiel den „Meister", stärker fördert. Die bereits im Kapitel „Für Wohlstand durch ein neues Bildungswunder" beschriebene dauerhafte Unwucht des finanziellen Aufwands für eine Meisterausbildung im Vergleich zum Studium ist dabei jedoch weder hilfreich noch nachvollziehbar. Selbst auszubilden ist für viele kleine und mittlere Unternehmen der erste Weg, um die Fachkräftesicherung im eigenen Betrieb vorzunehmen. Zuletzt ist aber ein Trend zu beobachten, dass immer weniger Konzerne und große Unternehmen selbst ausbilden und ihre Auszubildenden eher von kleinen und mittleren Unternehmen rekrutieren. Das ist doppelt problematisch. Zum einen verschärft es den Fachkräftemangel in den kleinen und mittleren Betrieben. Zum anderen dämpft es in den Ausbildungsbetrieben massiv die Motivation, selbst auszubilden, wenn man Gefahr läuft, dass einem die Auszubildenden zügig abhandenkommen und man auf den Ausbildungskosten sitzen bleibt. Um dieses Dilemma etwas aufzulösen, sollte es einen Ausgleichsanspruch für die investierenden Unternehmen gegenüber den profitierenden Unternehmen geben.

2. Schneller Ausbau der Kinderbetreuung

Obwohl die Erwerbsbeteiligung von Frauen in Deutschland im internationalen Vergleich laut Statista mit über 79 Prozent durchaus hoch ist und Deutschland damit sogar in der Spitzengruppe liegt, ist das Potenzial noch lange nicht ausgeschöpft. Im Gegensatz zu den Männern, bei denen im Jahr 2021 nur knapp über zehn Prozent in Teilzeit arbeiteten, war im letzten Jahr fast jede zweite Frau teilzeitbeschäftigt! Neben jenen Frauen, die aus freien Stücken weniger Wochenarbeitsstunden absolvieren, gibt es auch jene, die gezwungenermaßen in Teilzeit arbeiten. Vor allem, weil die Infrastruktur für die Kinderbetreuung fehlt. Noch immer fehlen bundesweit rund 650.000 Ganztagsschulplätze für

Grundschüler und rund 350.000 Kita-Plätze für unter dreijährige Kinder. Diese Betreuungslücke muss vom Staat sowohl quantitativ als auch qualitativ geschlossen werden. Schließlich würde auch eine zeitgemäße Reform des Arbeitszeitgesetzes zu einer besseren Vereinbarkeit von Familie und Beruf und vor allem zu mehr Rechtssicherheit führen, zum Beispiel über die Umstellung von einer Tages- auf eine Wochenhöchstarbeitszeit. Arbeitnehmer und Arbeitgeber können dann individuell die Verteilung der Arbeitsstunden pro Woche regeln.

3. Integration Älterer in den Arbeitsmarkt

Wird die Gesellschaft insgesamt immer älter, rücken die älteren Mitarbeiter in den Blickpunkt. Soll die Fachkräftelücke verringert werden, ist es sinnvoll, dass ältere Arbeitnehmer länger in Beschäftigung bleiben und dafür die gesetzlichen Grundlagen, aber vor allem auch die entsprechenden Anreize gesetzt werden.

Mittelfristig sollte das gesetzliche Renteneintrittsalter an die steigende Lebenserwartung gekoppelt werden. Wenn wir immer älter werden, bedeutet das, dass wir auch ein Stück länger arbeiten müssen. Wie diese Kopplung funktionieren kann, habe ich bereits im entsprechenden Kapitel dargelegt. Gleichzeitig ist auch mir klar, dass nicht alle Arbeitnehmer immer länger arbeiten können. Vor allem nicht bei Tätigkeiten mit schwerer körperlicher Beanspruchung – die es immer noch gibt. Die Gesundheitsprävention in den Unternehmen, um die Leistungsfähigkeit der Mitarbeiter zu erhalten, wird dadurch immer wichtiger und sollte entsprechend gefördert werden.

4. Heben des inländischen Arbeitskräftepotenzials

Wenn es um das Heben des inländischen Arbeitskräftepotenzials geht, müssen wir selbstverständlich auch die Gruppe derjenigen, die sich aktuell außerhalb des Arbeitsmarkts befinden, in den Blick nehmen.

Dabei dürfen wir uns nicht noch weiter vom Prinzip des Förderns und Forderns verabschieden. Mit höheren Regelsätzen, nachlässigen Sanktionen und durch die Aussetzung der Vermögensprüfung wird Arbeitslosigkeit verwaltet, anstatt Anreize zur Arbeitsaufnahme zu setzen.

Es darf keine Ausweitung staatlicher Leistungen bei massiver Einschränkung der Eigenverantwortung geben. Schließlich lebt der Sozialstaat von einer prosperierenden Wirtschaft einerseits und der Akzeptanz der Solidargemeinschaft andererseits. Im Angesicht des akuten Arbeitskräftemangels der Wirtschaft, aber auch der anderen aktuell schwerwiegenden Herausforderungen können wir uns eine derartige Überdehnung des Sozialstaats nicht mehr leisten.

Wir müssen Arbeitslosen einen möglichst niedrigschwelligen Einstieg in den Arbeitsmarkt bieten, um sie im nächsten Schritt durch arbeitsmarktnahe Qualifizierung und Weiterbildung in Beschäftigung mit höherer Entlohnung bringen zu können. Unternehmer stehen dafür bereit, sind aber auf eine Flexibilisierung des Arbeitsmarkts angewiesen.

Eine vernünftige Integration von Arbeitssuchenden gelingt umso besser, je flexibler der Arbeitsmarkt ist. Fluktuation auf dem Arbeitsmarkt gehört inzwischen auf jeder Qualifikationsebene zur Normalität. Wichtig ist, dass diejenigen, die ihren Job verlieren, die Gewissheit haben, dass sie in kürzester Zeit wieder in Beschäftigung kommen. Je länger Arbeitsuchende dem Arbeitsmarkt fernbleiben, desto schwieriger wird es, sie wieder in Lohn und Brot zu bringen.

Vor diesem Hintergrund ist es wichtig, flexible Beschäftigungsformen, wie zum Beispiel die befristete Beschäftigung oder die Zeitarbeit, nicht weiter zu regulieren. Die Arbeitsmarktforschung zeigt, dass diese Beschäftigungsformen vor allem Menschen mit geringer Qualifikation einen guten Einstieg in den Arbeitsmarkt bieten und zudem als Ausgleich gegenüber dem strengen Kündigungsschutz dienen. Das Kündigungsschutzgesetz selbst könnte zudem durch ein Abfindungsmodell für Arbeitgeber transparenter und vor allem berechenbarer gestaltet werden – was die Einstellungsbereitschaft der Unternehmer auch in wirtschaftlich schwierigen Zeiten oder Zeiten des Strukturwandels erhöhen würde.

Aber eines muss auch klar sein: Wir werden als Gesellschaft nicht mehr funktionieren – nicht einmal mehr so wie bisher –, wenn wir einen Sockel aus Menschen heranzüchten, die zwar arbeiten könnten (und dürften), aber es aus irgendwelchen Gründen nicht tun. Hier muss der Staat auch konsequent fordern. Wenn der Tübinger Oberbürgermeister Boris Palmer bemängelt, dass sechs Jahre nach ihrer Registrierung nur 50 Prozent der erwerbsfähigen Geflüchteten einer sozialversicherungspflichtigen Tätigkeit nachgehen und ihm das nicht genug ist, dann bin ich – unabhängig davon, wie sich diese Zahlen auf Bundesebene darstellen – ganz bei ihm. Hier müssen wir konsequent sein. Im sozialdemokratisch regierten Dänemark sollen Einwanderer beispielsweise nur noch dann staatliche Hilfe erhalten, wenn sie arbeiten.[53] Diese Maßnahme ist nicht als Gängelei zu verstehen, sondern als Maßnahme zur Integration in die Gesellschaft und in den Arbeitsmarkt. Sie ist für diejenigen vorgesehen, die seit drei bis vier Jahren staatliche Leistungen beziehen und nicht über ein bestimmtes Maß an Schulbildung und Dänischkenntnissen verfügen. Dies ist Teil des sogenannten „Integrationsprogramms", das darauf abzielt, Asylbewerber in die dänische Gesellschaft zu integrieren. Das Programm beinhaltet Sprachkurse, Arbeitstrainings und Praktika, um die Fähigkeiten und Fertigkeiten der Asylbewerber zu verbessern und ihre Integration in den Arbeitsmarkt zu erleichtern.

5. Fachkräftezuwanderung aus dem Ausland

Bis heute ist Zuwanderung und Migration in vielen Ländern Europas ein Aufregerthema. Wir müssen hier nach der Art der Migration unterscheiden: Bei der Fachkräftezuwanderung aus dem Ausland bleibt wichtig, dass es sich um Erwerbs- und Bildungszuwanderung handelt, die gesteuert werden kann und muss. Die ungesteuerte Zuwanderung vor allem in die sozialen Sicherungssysteme ist nicht das Ziel. Gleichzeitig muss uns allen bewusst sein, dass Zuwanderung ein Muss ist. „Es ist absurd anzunehmen, dass wir in Zeiten schrumpfender Bevölkerungszahlen ohne Einwanderung eine Chance haben, unseren Wohlstand zu erhalten. Die Forderung nach weniger Einwanderung ist nichts anderes als Sabotage des Wachstums", schreibt StepStone-CEO und Autor Sebastian Dettmers in seinem Buch „Die große Arbeiterlosigkeit".[54]

Mit dem Fachkräfteeinwanderungsgesetz hat Deutschland im internationalen Vergleich ein sehr liberales Einwanderungsgesetz. Seinerzeit wurden vor allem die Zuwanderungswege für Personen aus Drittstaaten mit einer beruflichen Qualifikation verbessert. Allerdings prognostizierte die Bundesregierung, dass rund 20.000 zusätzliche Fachkräfte pro Jahr nach Deutschland kommen würden, tatsächlich waren es 2021 laut Bundesagentur für Arbeit nur rund 3.200 ausländische Fachkräfte, die unterstützt wurden, nach Deutschland zu kommen. Diese Zahlen reichen bei Weitem nicht aus, damit die Fachkräftezuwanderung aus dem Nicht-EU-Ausland einen nennenswerten Beitrag leistet. Damit die Transparenz, aber auch die Steuerung der Fachkräftezuwanderung verbessert wird, sprechen wir uns im Verband DIE FAMILIENUNTERNEHMER und DIE JUNGEN UNTERNEHMER schon lange für das Punktesystem nach kanadischem Vorbild aus. Damit ermöglicht die Bundesregierung eine transparente und gesteuerte Fachkräftezuwanderung. Zum Beispiel gibt es Punkte für vorhandene Qualifikationen oder Sprachkenntnisse für diejenigen, die in Deutschland arbeiten möchten. Je mehr Punkte jemand vorweisen kann, desto leichter ist der Zugang zu unserem Arbeitsmarkt. Eine beschleunigte Visavergabe in den Konsulaten und Botschaften sowie schnellere Anerkennung ausländischer Berufsabschlüsse wäre ebenfalls hilfreich. Zumindest beim Punktesystem tut sich etwas. Ein entsprechender Gesetzentwurf des Innen- und Arbeitsministeriums liegt jedenfalls seit Anfang Januar 2023 vor.

Damit die deutsche Sprache keine Hürde darstellt, sollte das Lernen derselben in den Herkunftsländern ausgebaut und insbesondere die Goethe-Institute personell und finanziell ertüchtigt werden. Zudem gibt es heutzutage wunderbare Möglichkeiten, die deutsche Sprache beispielsweise auch über zertifizierte Online-Sprachschulen zu lernen. Im Übrigen sind auch für Menschen, die aus humanitären Gründen in unserem Land Schutz suchen, größere Anstrengungen bei der Vermittlung der deutschen Sprache notwendig. Denn diesen Menschen steht über das Chancen-Aufenthaltsrecht seit Kurzem der Weg in den Arbeitsmarkt offen. Dass die Bundesregierung die Integrationskurse für Asylbewerber bereits von Anfang an und unabhängig vom Herkunftsland oder Einreisedatum der betroffenen Personen öffnet, ist aus dieser Perspektive zu begrüßen. Schließlich gilt es, insgesamt für ausländische Fachkräfte attraktiver zu werden. Ein weiterer Baustein dazu ist die schnellere und leichtere Anerkennung von ausländischen Bildungsabschlüssen. Diese Maßnahme würde uns nicht nur bei der Anwerbung voranbringen, sondern uns gleichzeitig helfen, das inländische Arbeitnehmerpotenzial effizienter zu nutzen. Pro Jahr erkennen Deutschlands rund 1.500 Prüfstellen circa 45.000 ausländische Abschlüsse als vollständig oder eingeschränkt gleichwertig zu deutschen Qualifikationen an.[55] Infolgedessen arbeiten nur 39 Prozent aller Einwanderer mit einem akademischen Abschluss aus einem Nicht-EU-Land in einem hoch qualifizierten Beruf. Lieber lassen wir Akademiker als Bauhelfer jobben und in der Gastronomie Teller spülen und rumänische Psychologinnen unsere Büros putzen. Symptomatisch sind Fälle wie der der 56 Jahre alten Sahar Shiblak, die in Syrien 30 Jahre lang Grundschullehrerin war und die seit 2019 in Teilzeit in einem Münchner Kindergarten arbeitet. Für eine Ausbildung zur Kinderpflegerin benötigt sie ihr Zeugnis der 10. Klasse. Sie hat nur das Zeugnis der 12. Klasse und muss folglich mit 56 Jahren ihren Mittelschulabschluss in Deutschland machen.[56]

Es wäre leichtfertig, zu glauben, dass Fachkräfte aus Ländern wie Brasilien oder Indien unter diesen Bedingungen einfach so nach

Deutschland kommen. Sebastian Dettmers weiß: „Brasilianer werden eher in die USA gehen als nach Europa. Inder werden sich eher im Vereinigten Königreich niederlassen. Und Afrikaner zieht es heute vor allem nach Frankreich und Spanien – abzüglich der Auswanderer sind zuletzt gerade einmal 17.000 Menschen aus Afrika in Deutschland geblieben."[57] Zuwanderung einfach nur zuzulassen funktioniert nicht mehr, es muss darum geworben werden. Das wird uns jedoch nicht gelingen, wenn dauerhaft Arbeitnehmer wie Arbeitgeber mit den im internationalen Vergleich höchsten Steuern und Abgaben belastet werden.

Zum Abschluss: Nicht nur Deutschland steht vor einem demografischen Wandel. Der Fachkräftemangel betrifft nahezu alle europäischen Mitgliedstaaten – der Wettbewerb um die Besten ist längst eröffnet. Damit wir, damit Deutschland mithalten kann, ist spätestens jetzt die Zeit, Lösungen für die aufgeführten Probleme und Herausforderungen umzusetzen.

Digitale Infrastruktur schaffen und KI ermöglichen

Ich habe bereits in einem der vorangegangenen Abschnitte über Digitalisierung gesprochen. Dass ich das Thema nun noch einmal in einem gesonderten Kapitel aufgreife, zeigt Ihnen zweierlei: Erstens wie wichtig der Komplex ist, und zweitens wie vielschichtig. Auch mit diesem weiteren kurzen Abschnitt wird die Digitalisierung als alle Lebensbereiche durchdringender Prozess niemals abschließend behandelt sein. Dazu bräuchte es ein eigenes Buch beziehungsweise eine Bibliothek.

Ging es bei den vorherigen Betrachtungen vor allem darum, die Kommunikation mit und innerhalb von Behörden konkret zu vereinfachen und zu beschleunigen, möchte ich auf den folgenden Seiten darlegen, welche grundlegenden vom Staat zu schaffenden Rahmenbedingungen deutsche Unternehmen benötigen, um im Zeitalter fortschreitender Digitalisierung im internationalen Wettbewerb erfolgreich wirtschaften zu können. Dem Staat kommen dabei im Wesentlichen zwei Aufgaben zu. Er muss schnellstmöglich eine leistungsfähige digitale Infrastruktur zur Verfügung stellen und gleichzeitig dafür sorgen, dass sowohl Infrastruktur als auch Nutzer vor ausländischen Eingriffen und Abhängigkeiten geschützt sind. Unsere digitale Souveränität können wir durch die Schaffung eines sicheren und vertrauenswürdigen 5G-Netzes ohne Netzwerkkomponenten von staatseigenen Herstellern aus Diktaturen stärken. Es gilt dabei zu überprüfen, ob das bestehende IT-Sicherheitsgesetz ein ausreichend hohes Schutzniveau für die 5G-Infrastruktur gewährleistet. Gleichzeitig ist eine nationale Anstrengung zur Stärkung der Cybersicherheit nötig – durch eine bessere Zusammenarbeit der Sicherheitsbehörden auf Bundes- und Landesebene.

Die zweite wesentliche Aufgabe ist die Schaffung eines konsistenten und rechtssicheren nationalen und europäischen Rahmens für den Einsatz von künstlicher Intelligenz (KI). KI hat das Potenzial, eine der wichtigsten Technologien des 21. Jahrhunderts zu sein und die Art und Weise, wie wir leben und arbeiten, grundlegend zu verändern. Die KI hat in den letzten Jahren erhebliche Fortschritte gemacht, steht aber erst am Anfang. Deutschland darf angesichts des großen Potenzials dieser Technologie nicht die Fehler der Vergangenheit wiederholen und anderen Nationen und Wirtschaftsräumen großzügig den Vortritt lassen. Denn wir werden in naher Zukunft weitere große Durchbrüche erleben, von denen ich exemplarisch nur vier hervorheben möchte:

1. **Fortschritte im Deep Learning:** Deep Learning ist eine Form des maschinellen Lernens, die auf künstlichen neuronalen Netzen basiert. Fortschritte in dieser Technologie können dazu beitragen, dass KI-Systeme noch genauer und effektiver werden. Gleichzeitig ist KI auch in der Lage,

komplexe Probleme zu lösen, die für menschliche Experten schwierig oder unmöglich sind. Ein Beispiel dafür ist die Verwendung von KI-Systemen zur Analyse von großen Datenmengen, um Muster und Zusammenhänge zu finden, die von menschlichen Analysten schwer zu erkennen sind.

2. **KI-gesteuerte Automatisierung:** KI wird in Zukunft eine wichtige Rolle bei der Automatisierung von Arbeitsprozessen spielen. Durch den Einsatz von KI können Unternehmen die Produktivität erhöhen und Kosten senken.
3. **Weiterentwicklung von autonomen Systemen:** Autonome Systeme wie Drohnen, Roboter und selbstfahrende Autos werden in Zukunft noch intelligenter und vielseitiger sein. Dieser Prozess wird wiederum zu einer stärkeren Automatisierung in vielen Branchen führen.
4. **Verknüpfung von KI und Internet der Dinge (IoT):** Die Verknüpfung von KI und dem Internet der Dinge wird in Zukunft zu intelligenten und autonomen Systemen führen, die sich gegenseitig unterstützen und verbessern.

In diesen Möglichkeiten liegen für deutsche Unternehmen und die deutsche Gesellschaft angesichts der Herausforderungen durch den Fachkräftemangel unglaubliche Chancen. KI wird zudem zukünftig eine wichtige Rolle bei der Bekämpfung des Klimawandels spielen, indem sie dabei hilft, die Energienutzung effizienter zu gestalten, beispielsweise durch die Entwicklung intelligenter Steuerungs- und Regelsysteme, die die Energieeffizienz verbessern. KI-basierte Lösungen können außerdem bei der Optimierung der Energieerzeugung helfen. So können KI-Algorithmen Muster in den Energieverbrauchsdaten erkennen und den Energieerzeugern helfen, die Energieproduktion effizienter zu gestalten.

Gleichzeitig ist KI mit einer Reihe von ethischen und rechtlichen Fragen verbunden, die wir als Gesellschaft beantworten sollten. Ein

System, das selbstfahrende Autos steuert, kann selbstverständlich auch Waffen steuern: KI-Systeme könnten in der Kriegsführung eingesetzt werden, was Fragen zum humanitären Völkerrecht und zur Verantwortung aufwirft. Umso wichtiger ist es, sicherzustellen, dass KI-Systeme in Übereinstimmung mit den geltenden Gesetzen und Vorschriften eingesetzt werden.[58]

Wenn KI-Systeme Entscheidungen treffen, die Auswirkungen auf Menschen haben können (nicht nur beim autonomen Fahren, sondern beispielsweise auch bei einem Scoring zwecks Bonitätsprüfung), ist außerdem die Haftung der Unternehmen zu klären. Daher ist ein klarer Rechtsrahmen nötig, damit Unternehmen ihre Haftung verstehen und sich entsprechend absichern können. KI-Systeme sind zudem oft darauf angewiesen, große Mengen an Daten zu verarbeiten und zu analysieren. Ein angepasster Rechtsrahmen muss sicherstellen, dass personenbezogene Daten sicher und geschützt sind und KI-Systeme dennoch mit personenbezogenen Daten arbeiten können. Auch die sich aus der Datenschutz-Grundverordnung (DSGVO) ergebenden datenschutzrechtlichen Informationspflichten bezüglich der involvierten Logik des KI-Algorithmus müssen rechtssicher definiert werden.

Daten sind ein zentrales Kennzeichen der Digitalökonomie und werden immer mehr zu einem entscheidenden immateriellen Produktionsfaktor.[59] Dieser Datenverarbeitung steht in Deutschland allerdings oft ein falsch verstandener Datenschutz entgegen. Obwohl ein einheitlicher europäischer Datenschutzrahmen zu begrüßen ist, muss die DSGVO angesichts dieser neuen Technologie reformiert werden, denn sie belastet mit ihren schwammigen Formulierungen sowie ihren zahlreichen Verpflichtungen insbesondere kleinere Mittelständler unverhältnismäßig und erschwert die Forschung unnötig. Das illusorische Prinzip der Datensparsamkeit sollte zugunsten einer Datensorgfaltspflicht aufgegeben werden. Natürlich muss der Gesetzgeber in diesen Fragen für Bürger und für Unternehmen Rechtssicherheit herstellen – aber mit Blick auf das Chancenpotenzial und nicht mit dem typisch deutschen Blick auf vermeintliche Risiken, die die internationale Konkurrenz bereit ist, einzugehen.

KI ist eine Schlüsseltechnologie der Zukunft, ähnlich revolutionär wie zu ihrer Zeit die Dampfmaschine. Künstliche Intelligenz wird eine neue industrielle Revolution hervorrufen, und der Umgang mit dem Thema müsste – das sollte man angesichts ihrer Bedeutung meinen – absolute Chefsache sein. Stattdessen herrscht Chaos, wo man hinblickt. So schreibt *Focus Online*: „Nach aktuellem Stand wird die nationale Strategie zur Künstlichen Intelligenz von den drei Ressorts Wirtschaft und Klima (BMWK), Arbeit und Soziales (BMAS) sowie Bildung und Forschung (BMBF) betreut, die europäische KI-Regelung jedoch gemeinsam vom Justizministerium (BMJ) und dem BMWK. Zuständig für den EU-Data-Act [sic!] sind das BMWK sowie das Bundesministerium für Digitales und Verkehr (BMDV), das thematisch nah angesiedelte Dateninstitut findet sich hingegen in Verantwortung des Innenministeriums (BMI) und des BMWK. Die nationale Datenstrategie wird zwischen BMDV und BMI koordiniert, wohingegen der Data Governance Act alleine in die Zuständigkeiten des BMWK fällt."[60] Haben Sie noch den Überblick? Was für ein Irrsinn!

Und natürlich sieht es in anderen Bereichen nicht besser aus. Noch immer herrscht das Primat der doppelten und dreifachen Informationsübermittlung. Faxgeräte und das heilige Schriftformerfordernis tun ihr Übriges. So schreibt zum Beispiel das jüngst verabschiedete Nachweisgesetz vor, dass Arbeitsverträge nicht länger digital abgeschlossen werden dürfen, sondern zwingend im Print mit Originalunterschrift vorliegen müssen, wenn man sich kein Bußgeld einhandeln will – und das im Zeitalter Kontinente übergreifender Projektarbeit, von Digital Nomads und Mobile Work. Im Resultat hinkt Deutschland bei der Digitalisierung im internationalen Vergleich massiv hinterher: Dass ich an dieser Stelle bereits ein sicheres 5G-Netz fordere, obwohl es in einigen Regionen Deutschlands noch immer kein flächendeckendes

Breitbandinternet gibt, zeigt, wie groß die Versäumnisse und die Herausforderungen sind.

Was es in Deutschland jedoch gibt, ist eine hohe Regulierungsdichte, die die Einführung neuer digitaler Technologien erschwert – von der DSGVO mit ihren strengen Regeln zum Schutz personenbezogener Daten über die komplexen Anforderungen an die Sicherheit von IT-Systemen bis hin zu detaillierten Arbeitsschutzvorschriften im Homeoffice. Es gibt ausufernde Bürokratie und viel zu lange Entscheidungsprozesse, die dazu führen, dass insbesondere kleine und mittelständische Unternehmen Schwierigkeiten haben, schnell und effektiv auf Veränderungen zu reagieren. Und vor allem gibt es in Deutschland gewisse gesellschaftliche Kreise, die sich durch eine grundsätzliche Zurückhaltung gegenüber neuen Technologien und eine misstrauische Skepsis insbesondere in Bezug auf den Einsatz von künstlicher Intelligenz und anderen automatisierten Systemen auszeichnen.

Wir müssen diese Probleme angehen, indem wir den Ausbau der digitalen Infrastruktur vorantreiben, die Regulierung lockern, die Bürokratie abbauen, die Investitionen in die Forschung und Entwicklung erhöhen und eine offene Kultur gegenüber digitalen Technologien fördern.[61]

Für ein mutiges Gründer-Mindset

Für einen starken Standort Deutschland benötigen wir nicht nur eine offene Kultur gegenüber digitalen Technologien, sondern auch eine viel offenere Kultur gegenüber Gründungen – wir müssen ein echtes Gründer-Mindset etablieren. Dabei richtet sich diese Forderung nicht primär an die junge Generation, sondern an die Politik, die hier für die richtigen Rahmenbedingungen sorgen muss.

Sie haben gesehen, dass die Studien eindeutig zeigen, dass die soziale Marktwirtschaft auch bei jungen Menschen volle Zustimmung findet. Dass auch sie an ihre Aufstiegschancen glauben, stimmt optimistisch, aber wir müssen diese Chance jetzt auch nutzen! Unsere

Jugend ist bereit, Verantwortung zu übernehmen. Die jungen Menschen zeigen einen Unternehmergeist wie kaum eine andere Generation vor ihnen. An Talenten und guten Ideen mangelt es in Deutschland also nicht – Studien zeigen, dass über 60 Prozent der Schülerinnen und Schüler einer eigenen Unternehmensgründung positiv gegenüberstehen. Wir sollten diesen Unternehmergeist unterstützen und jede Initiative feiern – denn trotz allem wird in Deutschland zu wenig gegründet.

Gründerinnen und Gründer begeistern mich. Sie bringen neue Ideen auf die Straße, haben Biss und wollen etwas bewegen. Aber meine Begeisterung ist nicht nur etwas Persönliches: Um international wettbewerbsfähig und innovativ zu bleiben, ist Deutschland auch auf eine lebendige Gründerlandschaft angewiesen. Unternehmensgründungen – vor allem im Digitalbereich – strahlen auf andere Sektoren aus und haben somit gesamtwirtschaftliche Effekte, da Start-ups besonders innovativ, wachstumsorientiert und international sind. Dies gilt umso mehr, als nach einer Hochphase der E-Commerce-Branche nun auch zunehmend digitale Geschäftsmodelle im Business-to-Business-Segment an Bedeutung gewinnen. Gerade hier liegen für Deutschland mit seiner ausgeprägten industriellen Basis große Chancen.

Zumindest in den Medien haben Start-ups in den letzten Jahren immer mehr Aufmerksamkeit geweckt. Da könnte man meinen, dass die Szene boomt. Leider ist genau das Gegenteil der Fall. In den vergangenen zehn Jahren wurde immer weniger gegründet. Was also ist zu tun, wenn wir ein Gründungs-Mindset in unserer Gesellschaft verankern wollen? Wir müssen wieder lernen, in Chancen statt in Risiken zu denken. Um einen neuen Gründergeist zu wecken, brauchen wir eine offene, zukunftsorientierte Gesellschaft, die zu Unternehmensgründungen ermutigt. Das fängt schon in der Schule an. Schülern muss mehr Wissen über unsere Marktwirtschaft und das Unternehmertum vermittelt werden. Wir müssen ihnen einen Werkzeugkoffer an die Hand geben, um später selbst einmal ein Unternehmen gründen zu können. Denn nicht jeder junge Mensch hat das Privileg, in einem

Unternehmerhaushalt aufzuwachsen. Mit dem Schritt in die unternehmerische Verantwortung eröffnen sich viele neue Perspektiven. Doch wir müssen auch an das allgemeine gesellschaftliche Klima gegenüber Unternehmern ran. Unternehmer sind mutig, kreativ und leistungsbereit – das durften wir erst zuletzt während der Pandemie erleben. Unternehmer sind „kreative Problemlöser", wie ich sie gern nenne. Und das gilt es, allen zu zeigen. Wir sollten es feiern, wenn (junge) Menschen bereit sind, ins Risiko zu gehen, wir sollten es feiern, wenn (junge) Menschen ein Traditionsunternehmen übernehmen oder ein Start-up gründen. Helfen kann dabei die Politik. Denn nur wenn auf dieser Seite die richtigen Entscheidungen getroffen werden, werden wir nach 1871, 1945 und 1990 eine neue große Gründerzeit erleben. Einige Maßnahmen habe ich bereits in anderen Abschnitten ausführlich skizziert: Dass der bürokratische Aufwand beseitigt werden muss, dürfte bis hierhin klar geworden sein. Und auch, dass wir für eine Gründungsoffensive mehr Tempo bei der Digitalisierung brauchen.

Können Sie sich noch erinnern, in wie vielen Koalitionsverträgen und Programmen von dringend nötigen Reformen bei der Digitalisierung die Rede war? 2001 tauchte der Begriff erstmals im Parteiprogramm der FDP auf. Im Koalitionsvertrag der schwarz-roten Bundesregierung unter der Führung von Angela Merkel im Jahr 2013 wurde betont, dass die Förderung der digitalen Infrastruktur und die Stärkung der digitalen Wirtschaft zu den zentralen Aufgaben der kommenden Regierungsperiode gehören würden. Trotzdem kommt Deutschland nur im Schneckentempo voran. Die neue Ampelregierung ist in dieser Hinsicht keine Ausnahme. Statt Fortschritt scheint Rückschritt die Devise. Noch einmal: Warum ist im Ausland zum Beispiel eine Unternehmensgründung per Mausklick möglich, aber in unserer hoch entwickelten Industrienation noch nicht? Wieso haben manche Entwicklungsländer bessere Netzabdeckungen als wir? Es ist doch inzwischen wirklich eine Binsenweisheit: Eine gute digitale Infrastruktur ist die Schlüsselvoraussetzung für zukunftsorientierte Unternehmensgründungen.

Wissen Sie, was Gründerinnen und Gründer neben einer marktfähigen Idee und motivierten Mitarbeitern noch brauchen? Was noch vor allem anderen steht? Geld! Start-ups benötigen Kapital. Nach einer Studie von Startup Genome reicht die Liquidität von weltweit 41 Prozent der Start-ups gegenwärtig nur für einen Geschäftsbetrieb von durchschnittlich drei Monaten – gute Ideen sind so in kürzerer Zeit zum Scheitern verurteilt, als der Mietvertrag im Gründerzentrum läuft.

Die staatliche Aufgabe sollte dabei wie immer weniger in Markteingriffen und direkten Finanzhilfen liegen als vielmehr in der Schaffung eines günstigen Umfelds, sodass sich ein tragfähiges Ökosystem aus Start-ups, Risikokapitalgebern, Business Angels und dem Mittelstand entwickeln kann. Deshalb ist die Idee, die Kapitalversorgung vorrangig durch staatliche Fonds sicherzustellen, zwar ein positives Signal an Gründer, aber dennoch skeptisch zu beurteilen. Der von der Bundesregierung errichtete „Beteiligungsfonds für Zukunftstechnologien" soll (auch) private Gelder sammeln und in junge Digitalfirmen investieren. Während dabei der Staat einen Großteil des Investitionsrisikos trägt, können institutionelle Anleger hingegen weitestgehend risikoarm anlegen. Dadurch koppeln sich bei den Investitionsentscheidungen Haftung und Risiko voneinander ab – und ein zentrales Element der Marktwirtschaft wird ausgehebelt.

Grundlegende Maßnahmen für eine bessere Kapitalversorgung sind unter anderem eine Stärkung der Anlegerkultur und der Mitarbeiterbeteiligung, die Beendigung der steuerlichen Diskriminierung von Eigenkapital, die Verbesserung der Chancen für Start-ups bei öffentlichen Ausschreibungen sowie die Förderung universitärer Ausgründungen.

Durch eine strukturelle Stärkung der Anlegerkultur in Deutschland kann dringend benötigtes Kapital mobilisiert und direkt Unternehmen zur Verfügung gestellt werden. Gleichzeitig würden die private Altersvorsorge durch höhere Erträge profitieren, breitere Gesellschaftsschichten an den Gewinnen der Unternehmen teilhaben und das gesetzliche Rentensystem entlastet werden. In dieser Hinsicht könnten die USA

Vorbild sein: Dort setzen Sparer intensiv auf den Kapitalmarkt, sowohl mittels Investitionen in Einzeltitel als auch mittels Fonds. So ist es wenig verwunderlich, dass US-amerikanische Investmentfonds und Pensionskassen zu den größten Kapitalgebern von Unternehmen und Start-ups zählen. Für den privaten Investor bedeuten solche Anlagen deutlich höhere Renditen bei einem durch Diversifizierung und ausreichend langer Ansparphase vertretbar gestalteten Risiko.

Die derzeitige steuerliche Diskriminierung von Eigenkapital gegenüber Fremdkapital benachteiligt daneben die Kapitalversorgung von Start-ups. Soll also die Finanzierung von Start-ups attraktiver gestaltet und der Wagniskapitalmarkt gestärkt werden, gilt es, Eigen- und Fremdkapital steuerlich gleichzustellen. Denn bisher sind Zinsen für Fremdkapital steuerlich abzugsfähig, nicht jedoch die Verzinsung des Eigenkapitals.

Und noch ein weiterer Punkt: Trotz Spitzenleistungen in der Grundlagenforschung erfolgt ihre Nutzbarmachung in Form konkreter Produkte und Dienstleistungen in Deutschland noch zu zögerlich – wie das Beispiel des zum größten Teil durch die Fraunhofer-Gesellschaft entwickelten MP3-Formats uns eindringlich ins Gedächtnis ruft.

Weil Forschungsergebnisse und Technologien nicht flächendeckend und systematisch in die Praxis überführt werden, mangelt es an der Erschließung neuer Geschäftsfelder – vielleicht auch deshalb entwickeln sich in Deutschland viel zu wenige bedeutende Technologieunternehmen. Gründungen aus Hochschulen heraus zum Beispiel können potenzielle Kapitalgeber zu Investitionen ermutigen, da ihre Geschäftsideen in der Regel solide sind und das Projekt der Unternehmensgründung durch universitäre Strukturen professionell unterstützt wird. Eine Förderung universitärer Ausgründungen würde somit nicht nur das Volumen des Wagniskapitalmarkts durch die Schaffung lohnender Investitionsmöglichkeiten erhöhen, sondern die steuergeldfinanzierte Grundlagenforschung auch gesellschaftlich stärker nutzbar machen.

Unsere junge Generation ist werteorientiert, aufstiegswillig und setzt auf Eigenverantwortung – wir schulden ihr eine echte Aufbruchstimmung!

Für Selbstverantwortung statt Nanny-Staat

Die Welt um uns herum verändert sich in rasantem Tempo: Wir sehen uns mit neuen internationalen Konfliktlinien, Gesundheitsgefahren, disruptiven Kommunikationskanälen und den Herausforderungen des Klimawandels konfrontiert. Sicher lässt sich über die Zukunft nur eines sagen: Der Zustand der permanenten Veränderung ist das neue „normal". Es wird kein Zurück mehr geben in eine Zeit, in der Veränderung die Ausnahme war. Als Unternehmerin sehe ich darin Parallelen zwischen Gesellschaft und Unternehmen. Auch in vielen Unternehmen wird „Change" – also die Anpassung an veränderte Bedingungen – noch viel zu oft als Prozess angesehen, der irgendwann abgeschlossen sein wird. Aber der Wandel um uns herum wird nicht mehr aufhören. Wir alle müssen uns darauf einstellen. Dafür brauchen wir Mut.

Wie immer in unsicheren Zeiten gibt es eine Tendenz, Verantwortung abzuwälzen. Der Staat soll es richten, und nicht nur die aktuelle Regierung scheint diese Aufgabe, alles für ihre Bürger regeln zu wollen, mit großer Freude anzunehmen. Aber nicht der Staat sollte festlegen, wie sich die Bürger in der neuen Welt bewegen sollten, sondern die Menschen sollten das nötige Rüstzeug erhalten, um selbstbestimmt handeln zu können. Der Bürger steht somit in der Verantwortung, sich mit der sich verändernden Umwelt auseinanderzusetzen.

Stattdessen bewegen wir uns ohne Zweifel in Richtung Nanny-Staat. Was bedeutet das? Der Begriff Nanny-Staat beschreibt eine Regierung, die sich in übermäßiger Weise in das Leben ihrer Bürger einmischt und diese bevormundet. Ein Nanny-Staat nimmt den Bürgern Entscheidungen ab, die sie eigentlich selbst treffen könnten, und schränkt ihre Freiheit ein.

In letzter Zeit kommt verstärkend hinzu, dass diese Maßnahmen aus einer Position der vermeintlich höheren Moral getroffen werden. Der Staat und seine vorpolitischen Organisationen behandeln den Bürger wie ein unmündiges Kind, das im Sinne der staatlichen Moral erzogen werden muss. Politik mit Erziehungsauftrag sozusagen. Ich weiß nicht, wie es Ihnen geht, aber ich bin erwachsen und möchte von meiner Regierung auch so behandelt werden. Ich kann selbst entscheiden, was ich esse und trinke, ich kann selbst entscheiden, wo ich Urlaub mache und welches Transportmittel mich ans Ziel bringen soll. Ich weiß, dass Chips ungesund sind und dass Cola viel Zucker enthält. Aber ich entscheide selbst darüber, ob ich mich diesen Gefahren aussetzen möchte. Die SPD-Fraktion im Bundestag sieht das freilich anders und möchte Sie vor zu viel Zucker in der Limo schützen. Die Idee wäre natürlich nicht halb so gut, wenn man nicht gleichzeitig noch eine Herstellerabgabe fordern könnte. Erziehen und Steuern generieren, herrlich! Ob diese Menschen merken, dass sie nicht nur Unternehmen, sondern auch Konsumenten wie unmündige Kinder behandeln?

Ich bin auch erwachsen genug, dass ich sehr deutlich merke, wenn ich in meinem Handeln und meinem Denken in eine bestimmte Richtung gedrängt werden soll. Ich habe der Regierung kein Mandat erteilt, sich in meinem Namen als volkserziehender Robin Hood zu gebärden.

Gleichermaßen nervig und schädlich ist, dass sich der öffentlich-rechtliche Rundfunk seit Jahren mehr und mehr in den Dienst dieser höheren Moral zu stellen scheint. Ein Beispiel: Zu Beginn der Flüchtlingskrise waren die deutschen Zeitungen nicht kritisch genug. Stattdessen haben sich die Mainstream-Medien damals hinter Merkels Flüchtlingspolitik gestellt. Das ist Ihnen vielleicht auch selbst aufgefallen.

Inzwischen ist es aber sogar wissenschaftlich untersucht und bestätigt. Eine Studie der Hamburg Media School und der Universität Leipzig kam zu dem Schluss: Wichtige deutsche Tageszeitungen haben in der Flüchtlingskrise 2015 und 2016 in ihrer kritischen Berichterstattung versagt. Der Leiter der Studie, Professor Michael Haller, erklärte gegenüber dem *Deutschlandfunk*: „Große Teile der Journalisten haben ihre Berufsrolle missverstanden und die Aufklärungsfunktion ihrer Medien vernachlässigt." Die Macher der Studie konstatierten weiterhin, dass auch abseits der Flüchtlingsthematik wenig Perspektivwechsel in der Berichterstattung stattfinde. „Die Ansichten der Machthabenden seien dominant."[62]

In vielen deutschen Medien gibt es nach meinem Empfinden die Tendenz, dass nicht sein kann, was nicht sein darf. Und diese Tendenz zeigt sich besonders in allen Fragen rund um Migration und Flucht. Auch der Klimawandel findet in seiner Gesamtheit kaum statt, sondern die Berichterstattung beschränkte sich zuletzt auf Reportagen über die sogenannten Klimakleber und die Proteste gegen die Räumung von Lützerath. Bei diesen symbolischen Aktionen können sich Politikerinnen wie die grüne Bundestagsabgeordnete Nyke Slawik öffentlichkeitswirksam als Klimaschützer präsentieren – obwohl sie im Bundestag für das Abbaggern gestimmt haben. Wenn ein Journalist kritisch nachfragt und die Politikerin dabei eine extrem schlechte Figur macht, bekommt nicht die Politikerin, sondern der Journalist den folgenden Ärger der Filterblasen-Legislative ab.

Gänzlich vermisst man eine Beschäftigung mit der demografischen Wand, auf die wir zurasen. Wenn man sich damit beschäftigen würde, müsste man auch die in diesem Buch vorgeschlagenen Konzepte diskutieren, inklusive einer Neuordnung des Renten- und Zuwanderungssystems. Teile der Antworten auf beide Themenkomplexe könnten die Bevölkerung verunsichern. Denn dann würde man feststellen, dass man mit Lastenrädern zwar die Kinder zur Kita bringen (wenn man einen Platz bekommen hat), aber keinesfalls vor den weltweiten Folgen des Klimawandels davonradeln kann. Man würde auch zu dem Schluss kommen, dass eine ungeordnete Zuwanderung in die sozialen Sicherungssysteme uns nicht weiterbringt und wir unser Zuwanderungssystem neu aufstellen müssen. Nicht jeder kann kommen, und nicht jeder kann bleiben. Diese Erkenntnis würde mit Sicherheit mindestens die Grüne Jugend, die Jusos und die Linken auf die Barrikaden bringen und womöglich Stimmen und Ruf kosten. Selbst grüne Landräte wie Jens Marco Scherf sind nicht mehr sicher davor, massiv aus den eigenen Reihen angegangen zu werden, wenn sie Probleme im Zusammenhang mit Flüchtlingen ansprechen. So wurschteln wir uns in dem einen Bereich lieber mit kurzfristigen Reparaturmaßnahmen und im anderen mit Aufforderungen zu individuellem Verzicht für das gute Gewissen weiter durch, obwohl die Probleme anhalten werden.

Das Motto lautet: Für uns wird es schon noch reichen. Wenn nicht, dann hilft der Staat. Wenn beispielsweise Wohnungen fehlen oder die Mieten Höchststände erreichen, dann soll der Staat eben Wohnungen beschlagnahmen[63] oder private Wohnungsbaugesellschaften enteignen. Über eine Million Berliner finden das völlig normal und stimmten einem entsprechenden Volksentscheid im September 2021 zu. Man könnte fast gespannt darauf sein, wie gut eine Stadtverwaltung, die fünf Jahre Planungszeit – und 50.000 Euro Planungskosten – für ein immerhin genderneutrales Toilettenhäuschen[64] benötigt, mit über 100.000 Wohnungen zurechtkäme. Dass bei diesem sinnlosen sozialistischen Prestigeprojekt keine einzige neue Wohnung entsteht, versteht sich von selbst. Ebenso, dass Befürworter und Gegner mit Kosten in Milliardenhöhe rechnen. Aber was soll's? Es ist ja nur Geld. Frei nach dem Prinzip: Der Staat sorgt in jeder Lebenslage für uns vor und versichert uns gegen jede Art der vermeintlichen Überforderung. Meines Erachtens braucht es auch in den Medien eine viel stärkere Darstellung von verschiedenen Lösungsansätzen, die in Zeiten der „Alternativlosigkeit" offenbar aus der Mode gekommen ist.

Der Preis dafür ist nicht nur eine immer weiter ansteigende Steuerquote, sondern auch eine schleichende Bequemlichkeit der Gesellschaft, die in einer absoluten Abhängigkeit von „Vater Staat“ gipfelt. Die Mündigkeit der Bürger bleibt auf der Strecke und wird vom Staat mit seiner paternalistischen Vorsorgementalität untergraben.

Aber lehrt uns der Blick nach China nicht, dass eine staatlich gelenkte Wirtschaft nicht nur funktioniert, sondern in der Krise sogar stärker ist als unser pluralistisches System, in dem Entscheidungen mühsam ausgehandelt und immer wieder verteidigt werden müssen? In Wahrheit fliegt der chinesischen Regierung gerade ihre Null-Covid-Politik um die Ohren. Gleichzeitig erleben wir eine Wachstumsverlangsamung, die sich unter anderem darauf gründet, dass die Regierung aus ideologischen Gründen staatseigenen Unternehmen den Vorzug gibt. Dies führt „zu einer verminderten Wirtschaftlichkeit, da staatliche Unternehmen nicht so effizient sind wie Unternehmen im Privatsektor“, bestätigt David Lubin, Chefvolkswirt für die Märkte der Schwellenländer bei der US-Großbank Citi in London.[65] Zudem habe das westliche Zusammenrücken anlässlich des russischen Überfalls auf die Ukraine dafür gesorgt, dass China wahrscheinlich seine politischen Bestrebungen um eine wirtschaftliche Eigenständigkeit verstärken wird. Autokratien sind nicht stärker. Weder rechte noch linke Autokratien oder Diktaturen. Sie verkaufen sich nur besser, solange sie den Deckel auf dem Kessel halten können.

Ein positives Menschenbild

Ein Neosozialismus aus immer weiteren Regeln und Vorschriften, aus immer mehr Staatsbeteiligungen und aus der Zensur der Cancel Culture erstickt die Kreativität und Kraft der Menschen.

Deutschland sollte sich endlich wieder auf die Mündigkeit und Selbstverantwortung seiner Bürger besinnen. Ein solches positives

Menschenbild war schon immer Leitgedanke der sozialen Marktwirtschaft.

Diesem Menschenbild entsprechend sollte uns der Staat und sollten auch wir selbst als Gesellschaft uns wieder mehr zutrauen, auf die eigene Kraft, auf Eigenverantwortung und auf den Mut setzen, „seines Glückes eigener Schmied" zu sein – denn die Zukunft bietet mehr Chancen als Risiken. Wir müssen sie nur erkennen und nutzen und nicht angesichts der Herausforderungen in Resignation verfallen. Opfernarrative wie das der „Last Generation" helfen uns angesichts der großen Herausforderungen nicht weiter. „Der neue Opferkult ist leider mehr als nur lästig. Er bindet Kapazitäten und versperrt die Sicht auf jene, die wirklich Unterstützung brauchten: materiell Abgehängte, Arbeitslose, Erschöpfte, Alte und Kranke in einem kaputten Pflege- und Gesundheitssystem, Menschen in totalitären Systemen. Gegen die unübersehbaren Folgen des Klimawandels braucht es weniger politische Bekenntnisse, sondern praktisches Handeln. Nichts würde dem Planeten mehr helfen als der Forscherdrang von ein paar Legionen neugieriger Naturwissenschaftler (m/w/d), die an Lösungen arbeiten", schreibt *Spiegel*-Redakteur Wolf Lotter.[66] Und ich unterschreibe jedes einzelne Wort. Ich wünsche mir, dass auch die großen Tages- und Wochenzeitungen, die Talkshows und politischen TV-Magazine diesen Bewusstseinswandel vollziehen. Denn das Menschenbild, das der Nanny-Staat vermittelt, ist zumindest für mich nicht erstrebenswert: der Bürger als dauerhilfsbedürftiges Mängelwesen, dem die Regierung sein Taschengeld zuteilt, weil er es sonst doch nur für Unsinn verplempern oder den falschen Leuten geben würde. Den man mit Scham kleinhalten muss: mit Flugscham, mit Fleischscham, mit Skischam, mit Heizungsscham, denn wer im Winter 22/23 allein duschte, der duschte mit Putin. Ein Bürger, dem man bestimmte Informationen besser vorenthält, denn sonst würde er vielleicht darauf bestehen, dass grünes Wachstum eben doch möglich ist.

Demokratien – und damit die marktwirtschaftlichen Systeme, allen voran die soziale Marktwirtschaft – schlagen ihre autokratische

Konkurrenz um Längen, wenn es darum geht, sich anzupassen und für ihre Bürger Wohlstand zu generieren. „Die laut dem World Happiness Report 20 Länder mit den glücklichsten Menschen weltweit sind Demokratien. 23 der 25 Länder mit der längsten Lebenserwartung ebenfalls. Die nach dem Times Higher Education Ranking 15 besten Universitäten der Welt befinden sich in Demokratien."[67] Darauf lässt sich bauen! Also lassen Sie uns darauf aufbauen. Denn ein Schlüssel zur Mündigkeit des Bürgers im neuen Zeitalter ist Bildung. Trotz der Herausforderungen durch Aus- und Fortbildung müssen die Chancen des Strukturwandels herausgestellt werden, auch um Schulen und Universitäten international konkurrenzfähig zu halten. Und unabhängig von sozialem Status, Vorbildung und Elternhaus müssen Schüler früh mit digitalen Technologien vertraut gemacht und im Umgang mit ihnen geschult werden. Um international mitzuhalten, muss Deutschland seinen Bildungssektor modernisieren, indem Lehrpläne angepasst werden und die Ausbildung der Lehrer verbessert wird. Schülern muss neben wirtschaftlichen Grundlagen auch ein Verständnis von Programmierung und IT vermittelt werden. Denn Deutschland als Land ohne Rohstoffe und stattdessen mit hohen Lohnkosten muss technologisch und beim „Humankapital" immer einen Schritt voraus sein. Genau dies ist gegenwärtig durch rückwärtsgewandte Bildungsinhalte in Gefahr. Das hat auch Auswirkungen auf den Arbeitsmarkt: Nur wer heute befähigt wird, in Netzwerken und Sinnzusammenhängen über tradierte Grenzen zwischen klassischen Wissensbereichen hinweg zu denken und zu handeln, ist auf die neuen Herausforderungen der 2020er-Jahre in der Digital- und Plattformökonomie vorbereitet.

Ich wünsche mir ein Deutschland, das die treibende Kraft für ein wettbewerbsorientiertes Europa ist. Mit der Kraft gemeinsamer marktwirtschaftlicher Ziele hat die EU das Potenzial, ein führender Wirtschafts- und Wissenschaftsstandort der Welt zu bleiben. Wachstum in Europa entsteht durch Teilhabe am gemeinsamen europäischen

Projekt, Reformwillen und smarter Regulierung. Eine Europäische Union, die durch Umverteilung und gemeinsame Schuldenlast zusammengehalten wird, wird global an Wettbewerbsfähigkeit und Bedeutung und im Inneren an Zustimmung verlieren.

Deutschland ist ein weltoffenes Land. Von der Globalisierung haben wir als Exportnation in der Vergangenheit enorm profitiert. Protektionismus, Abschottung und industriepolitische Autarkie sind insbesondere nach der Coronakrise die falschen Wege. Diversifizierung von internationalen Lieferketten und Handelsbeziehungen mit den richtigen Partnern sind das Gebot der Stunde. Für eine freiheitliche und moderne Weltordnung müssen die transatlantischen Beziehungen mit Nachdruck gestärkt werden. In der EU muss Deutschland auf eine effizientere internationale Zusammenarbeit und eine praxistaugliche Reform der multilateralen Organisationen, allen voran der Welthandelsorganisation (WTO), hinwirken. Aber was wir vor allem anderen dringend brauchen, ist ein Bewusstseinswechsel. Ganz am Anfang dieses Buches schrieb ich von Selbstwirksamkeitswahrnehmung, dem Glauben, Probleme selbst lösen zu können und durch das eigene Handeln etwas verändern zu können. Dieser Glaube an uns selbst ist es, der uns stark macht. Und den Glauben daran, dass Veränderung und Wachstum möglich sind, müssen wir auch der nächsten Generation vermitteln. Denn sie ist eben nicht die letzte Generation. Wir sind dabei – das werden die nächsten Kapitel zeigen – auf einem guten Weg. Denn die Jugend glaubt an sich und ist zu großen Teilen viel optimistischer, als wir glauben. Aber wie immer werden die Lauten gehört und die Schrillen und die Bunten gesehen.

Unsere Aufgabe liegt darin, diese jungen Menschen in ihrem Glauben zu bestärken und ihnen auf politischer und gesellschaftlicher Ebene die Bedingungen zu schaffen, die ihren Optimismus rechtfertigen. Entfesseln wir gemeinsam ihre gestalterische Kraft durch kluge Politik.

TEIL 3

WOFÜR ES SICH ZU KÄMPFEN LOHNT

Ja, tatsächlich Deutschland

Über 150-mal habe ich den Begriff „Deutschland“ in diesem Buch verwendet. Deutschland als ein Land mit Werten und Traditionen. Manchmal frage ich mich, wann wir wieder anfangen dürfen, auf unser Land stolz zu sein.

Wenn ich heute auf unser Land blicke, was wir als Gesellschaft und Wirtschaft erreicht haben, in welchem Wohlstand ich als junger Mensch und auch meine Elterngeneration aufwachsen durfte, bin ich stolz auf das Erreichte. Auch wenn wir natürlich zu keinem Zeitpunkt unsere Geschichte vergessen dürfen. Mir ist auch durchaus bewusst, dass man je nach Herkunft und Milieu von Deutschland sehr unterschiedliche Bilder haben kann. Sicherlich ist in diesem Land nicht alles perfekt. Aber sicherlich gibt es mehr Positives als Negatives zu berichten. Ich würde mich freuen, wenn ich mit meiner Arbeit noch mehr Menschen davon überzeugen könnte, dass das Glas halb voll und nicht halb leer ist. Und dass wir dann gemeinsam daran arbeiten, das Glas wieder bis zum Rand aufzufüllen.

Meine Generation hinterfragt gern und sie entwickelt einen anderen Blick auf die Dinge – auch auf Deutschland. Hier sehe ich – wie fast überall – gewisse Parallelen zum Unternehmertum. Wie bereits beschrieben habe ich mir vor einigen Jahren selbst die Frage gestellt, ob ich mir vorstellen kann, ins Familienunternehmen einzusteigen. Was will ich anders machen? Wie schaffe ich es, das Traditionsunternehmen im Sinne der nächsten Generation zu führen? Und wie stelle ich mich als Arbeitgeber auf, um genau diese junge Generation für uns zu begeistern? Warum stehe ich jeden Tag auf und tue das, was ich tue? Ich muss diese Frage beantworten können. Denn warum sollen junge Menschen ausgerechnet für unser Unternehmen arbeiten? Um darauf eine Antwort geben zu können, müssen wir uns als Familien- und Traditionsunternehmen neu hinterfragen, wir müssen neue Antworten finden und diese auch ganz klar kommunizieren.

Betrachten wir Deutschland mit dem gleichen Blick. Will ich mich in diesem Land und will ich mich für dieses Land engagieren? Welche Vision haben wir? Und wo wollen wir hin? Sich für dieses Land zu engagieren bedeutet vor allem, sich für die Menschen zu engagieren, Antworten zu finden und zu geben, wie wir uns zukunftsfähig aufstellen wollen, um unsere Ziele zu erreichen. Für mich ist die Antwort klar: Ich will. Deutschland ist meine Heimat. Deutschland ist das Land, in dem ich gern lebe. Ich liebe seine Traditionen, das Zuhause-Gefühl und die Ausdrucksstärke unserer Sprache – auch wenn sie aus unternehmerischer Sicht oft ein Hindernis ist. Ich liebe den Facettenreichtum der unterschiedlichen Regionen. Ich liebe sogar unsere kleinen – oftmals größeren – Schwächen. Und ich nehme die dunklen Seiten dieses Landes und seine Geschichte als Verpflichtung an. Gerade durch meine Großeltern habe ich viel von unserer damaligen Geschichte gehört und gelernt. Wie schnell die Stimmung in einem Land ins Negative kippen kann. Wie schlimm Hass und Krieg sind – und wie wichtig es ist, für Frieden und Freiheit zu kämpfen.

Wenn ich die Augen schließe und an meine Heimat denke, dann sehe ich vor mir die sanfte Landschaft und die Freundlichkeit der Menschen meines Heimatorts. Ich sehe meine Kindheit mit den Baumhäusern und den Kreidemalereien auf der Straße. Wenn ich die Augen schließe und an Deutschland denke, dann sehe ich vor mir ein mündiges, weltoffenes Land, das Chancengerechtigkeit bietet und solidarisch mit den Schwächeren seiner Bürger ist. Das ist das Land, das ich gestalten möchte. Unternehmertum ist ein entscheidender Hebel dazu.

Viele Menschen vergessen, wie groß der Einfluss von Unternehmen und gerade Familienunternehmen auf ihre Heimat ist. Familienunternehmen spielen in Deutschland eine wirklich bedeutende Rolle in der Wirtschaft. Wussten Sie, dass nach Angaben des Instituts für Mittelstandsforschung (IfM) Bonn im Jahr 2020 rund 90 Prozent aller Unternehmen in Deutschland Familienunternehmen waren?[1] Diese Unternehmen beschäftigen nicht nur wie bereits beschrieben rund 60 Prozent der Arbeitnehmerinnen und Arbeitnehmer in unserem Land, sondern tragen auch über 50 Prozent zum Bruttoinlandsprodukt bei.[2] „Deutschlands Familienunternehmen denken im Rhythmus von Generationen und nicht im Takt von Aktionärsversammlungen", heißt es im Vorwort eines opulenten Bildbands zum Einfluss von Familienunternehmen auf ihre Region.[3] Und es stimmt. Gerade Familienunternehmen haben oft eine besondere Beziehung zu ihrer Heimatregion, da sie über mehrere Generationen in der Region ansässig und tief in der lokalen Gemeinschaft verwurzelt sind. Aus diesem Grund tragen Familienunternehmen eine besondere Verantwortung für ihre Heimatregion und die Menschen, die dort leben. Im Großen, aber auch im Kleinen. Sie sind die ersten, die gefragt werden, wenn die A-Jugend neue Trikots braucht, wenn die Freiwillige Feuerwehr einen finanziellen Zuschuss für ein neues Fahrzeug benötigt oder wenn ein Kulturprogramm fürs Seniorenheim gesponsert werden soll. Die Liste der kulturellen, sportlichen, bildungsfördernden, sozialen oder infrastrukturellen Maßnahmen von Familienunternehmen in ihrer Region lässt sich wohl endlos fortsetzen. Leider haben die wenigsten Familienunternehmen ihre Investitionen quantitativ oder qualitativ dokumentiert. Während Konzerne Corporate-Social-Responsibility-Berichte als

Marketinginstrument nutzen, reden Familienunternehmen viel zu selten über ihr Engagement. Eine größere Offenheit im Sinne eines „Tue Gutes und rede darüber" würde aus meiner Sicht hier helfen. Denn sie würde die politische Wahrnehmung der Familienunternehmen noch weiter steigern.

Aber wer mit offenen Augen durch Deutschland reist, dem kann es eigentlich nicht entgehen: Gerade eher abseits gelegene Landstriche profitieren von der Präsenz einzelner engagierter Unternehmen. Denn Deutschlands Familienunternehmer sitzen nicht so sehr in unseren Metropolen, sondern vor allem in den Regionen. Diese Unternehmen ziehen von dort nicht freiwillig ins Ausland. Ihre Inhaber verkaufen nicht an Konzerne, denen die örtliche A-Jugend völlig egal ist, wenn sie nicht dazu gezwungen werden. Denn obwohl in vielen Familienunternehmen das Auslandsgeschäft den deutschen Markt längst überholt hat, bleiben die meisten Zentralfunktionen am Firmensitz. Dazu zählen besonders Forschung und Entwicklung (F&E), Kern des Erfolgs vieler deutscher Hidden Champions aus dem Mittelstand. Exemplarisch sei dieses Beispiel genannt: Auf dem Markt für Babynahrung gibt es drei große Namen. Zwei der Namen, Alete und Milupa, wurden von großen Lebensmittelkonzernen geschluckt. Der dritte Name ist Hipp. Es gab viele Stimmen, die gesagt haben, dass auch Hipp als Familienunternehmen nicht überleben wird. Die Konzerne hätten bessere Forschungs- und Entwicklungsabteilungen und das bessere Marketing und den besseren Vertrieb sowieso. Aber Hipp hat als unabhängiges Familienunternehmen überlebt und dominiert den Markt. Die Strategie fasst Stefan Hipp so zusammen: „All unser Denken und Handeln ist langfristig ausgerichtet, wir werden weiterhin ressourcenschonend wirtschaften und wollen gesund wachsen. Für uns ist wichtig, unsere Werte und Traditionen weiterzuleben und der Welt auch etwas zurückzugeben. So wollen wir bis 2025 als gesamtes Unternehmen klimapositiv sein."[4] Und so wie die Hipps denken viele.

Diese regional tief verwurzelten Unternehmen – in vielen Bereichen Exportweltmeister – haben Verbindungen in alle Welt. Wir wirtschaften in einer globalisierten und digitalisierten Welt. Unsere Wettbewerber sitzen nicht mehr nur in Berlin, Frankfurt und München, sondern finden sich weltweit. Aber diese Verbindungen in die ganze Welt sind längst nicht mehr nur wirtschaftlicher Art. Auch unsere Mitarbeiter – und vor allem unsere potenziellen Mitarbeiter – kommen aus der ganzen Welt. Die internationalen Verbindungen, die ich hier meine, sind keine Kundenbeziehungen, sondern Nachbarschaften und Freundschaften und oft schon längst familiärer Art: Laut dem Statistischen Bundesamt hatte im Jahr 2020 jeder fünfte (20,8 Prozent) in Deutschland lebende Mensch einen Migrationshintergrund.[5] Das entspricht etwa 17,5 Millionen Menschen.

Viele Studien beweisen, dass dort, wo im Team viele Unterschiede in den Persönlichkeiten zu finden sind, in der Sozialisation, also wo die Menschen herkommen, wie sie aufgewachsen sind und welche Geschichten sie mitbringen, am Ende umso erfolgreicher gewirtschaftet wird. Es sind nämlich genau die unterschiedlichen Perspektiven, die diese Menschen mitbringen, die uns davor schützen, betriebsblind zu werden, und neue Gedanken entfachen. Die integrative Kraft, die Unternehmen in Deutschland entwickeln können, müssen wir nutzen. Durch die Schaffung von Arbeitsplätzen und die Einstellung von Menschen mit den unterschiedlichsten Hintergründen können Unternehmen ganz bewusst dazu beitragen, unter anderem auch die Integration von Einwanderern zu fördern – in die Unternehmen und in die Gesellschaft. Arbeit bietet nicht nur finanzielle Stabilität, sondern auch soziale Kontakte und die Möglichkeit, die deutsche Sprache und Kultur kennenzulernen. Unternehmen ermöglichen Teilhabe und Aufstieg. Erfolgsgeschichten wie die von Uğur Şahin und Özlem Türeci, die 2008 das biopharmazeutische Unternehmen BioNTech gegründet haben, brauchen wir noch viel mehr. Lassen Sie uns dafür jetzt die Grundlagen schaffen!

Wer Verantwortung übernimmt und gestaltet, der darf auch stolz auf das sein, was er geschaffen hat. Wer Menschen motiviert, ihre Lebenswelt und ihre Zukunft zum Besseren zu verändern, und wer das schafft, der kann zu Recht stolz sein: auf seine Stadt, auf seine Region und, ja, sogar auf sein Land. Wer „vor Ort" etwas gestaltet und erschafft, der wird am Ende stolz auf das Ergebnis sein. Der Wille zum Gestalten erwächst aus der Verwurzelung. Denn es muss ja einen Grund haben, wenn sich jemand in dieser globalisierten Welt dazu entschließt, gerade in Deutschland anzupacken. Ob diese Wurzeln schon seit 100 Jahren in die Tiefe reichen oder ob sie sich gerade erst ihren Weg bahnen, ist dabei völlig egal.

Diejenigen, deren einziges Engagement darin besteht, mit dem Finger auf andere zu zeigen, stellen sich dagegen selbst ins Abseits.

Für Engagement und Unternehmertum

Wenn wir uns umsehen, erleben wir seit einigen Jahren multiple Krisen: angespannte Sozialsysteme, ein vermeintlich scharfer Riss, der unsere Gesellschaft spaltet, der Klimawandel, weltweite Migration und Krieg – der dieses Mal ganz in unserer Nähe stattfindet. Dabei haben wir als Gesellschaft gerade erst die Corona-Pandemie überstanden, auch wenn der Einzelne vielleicht immer noch mit schlimmen wirtschaftlichen und privaten Folgen zu kämpfen hat. Folgt man nur den Erzählungen der Letzten Generation und ähnlicher Ableger, bringt uns jeder Tag dem Untergang näher. Endzeit ... es steht nicht gut um uns. Und das soll nun der Einstieg in ein Mutmach- und Motivationskapitel sein? Ja!

Der eine oder andere von Ihnen hat den letzten Satz des ersten Absatzes vielleicht erkannt. Es ist der Einstieg in Hoimar von Ditfurths Buch „So laßt uns denn ein Apfelbäumchen pflanzen. Es ist soweit"[6]. Es erschien 1985 und wurde zum Bestseller und Leitbuch der Umwelt- und

Antiatomkraftbewegung der 80er-Jahre des vergangenen Jahrhunderts. Es ist ein zutiefst pessimistisches Buch, das vom Aussterben der Menschheit innerhalb von zwei Generationen ausgeht. Der Titel bezieht sich aber auf ein nicht belegtes Zitat, das Martin Luther zugesprochen wird: „Wenn ich wüsste, dass morgen die Welt unterginge, würde ich doch heute ein Apfelbäumchen pflanzen." Und da gehe ich mit, denn ich habe die große Hoffnung, dass von Ditfurth unrecht hat. Bestimmt sterben wir irgendwann als Gattung aus. Aber nicht morgen und nicht übermorgen. Und weil wir auch nächste Woche auf dieser Erde leben werden, pflanze ich heute mein Apfelbäumchen, damit die nachfolgende Generation morgen von seinen Früchten essen und in seinem Schatten liegen kann. Ich möchte Sie alle einladen, genau aus diesem Grund ebenfalls Apfelbäume zu pflanzen – und die Zukunft positiv zu gestalten. Mit Engagement, mit Unternehmergeist und im Bewusstsein persönlicher Verantwortung. Schalten wir unsere Handys aus und den Verstand wieder ein, den uns aktivistische Dauerhysterie aus den sozialen Medien vernebelt. Besinnen wir uns auf unsere gestalterische Kraft zu unserem eigenen Wohl und zum Wohl unserer Kinder. So wie es unsere Mütter und Väter für uns getan haben.

Vor hundert Jahren gab es keine Social Media. Gemütlicher ging es deshalb aber auch nicht zu. Deutschland, die Weimarer Republik, tanzte 1923 auf einem Vulkan – geprägt von Ruhrbesetzung, Hyperinflation, Hitler-Putsch. Es war, so der Historiker Volker Ullrich in seinem Vorwort zu „Deutschland 1923. Das Jahr am Abgrund"[7] ein Jahr, „in dem die Geldentwertung schwindelerregende Ausmaße annahm, in dem faktisch ein Ausnahmezustand in Permanenz herrschte, das politische System dem Kollaps nahe war, rechte und linke Extremisten zum Sturm auf die Republik ansetzten und separatistische Bewegungen den Bestand des Reiches bedrohten"[8]. Es war außerdem das Jahr, in dem mein Urgroßvater Karl Röser seinen Apfelbaum mitten in die Krise pflanzte und unser Familienunternehmen gründete. Dass er dieses Unternehmen gründete, erforderte sicherlich Mut. Dass es in der Krise bestehen konnte, zeigt, wie wichtig die passenden Bedingungen sind. Denn im November 1923 wurde durch die Einführung einer neuen Währung die Hyperinflation gestoppt. Diese neue Währung ermöglichte den Dawes-Plan, der die deutschen Reparationszahlungen an die Wirtschaftsleistung koppelte. Das sorgte für wirtschaftlichen Rückenwind. Die Industrieproduktion verdoppelte sich in den Jahren 1923 bis 1928/29. Wir müssen auch heute die Rahmenbedingungen für ein starkes Unternehmertum schaffen. Unternehmen sind der Motor dieses Landes. Dieser neue Motor wird kein 7,3-Liter-Dieselmotor sein. Es wird ein hocheffizienter und leistungsstarker Antrieb der Zukunft sein, „befeuert" von sauberem Strom, E-Fuels oder Wasserstoff.

Diese Rahmenbedingungen können nicht darin bestehen, dass die Regierung für jedes Unternehmen und jede Krise genügend Förderinstrumente vorhält. Mit Staatsgeldern, Subventionen oder gar Staatsbeteiligungen kann eine Regierung vielleicht temporär Standortnachteile ausgleichen. Um Verlagerungen oder gar Geschäftsaufgaben zu verhindern, wird Geld allein jedoch nicht reichen. In einem Beitrag für das Magazin *Focus* schrieb ich im März 2023: „Man kann mit Geld nicht alles kaufen, vor allem nicht mit Steuergeldern, die man denen entzieht, denen man sie dann über Förderungen wieder anbietet. Denn eines der Hauptprobleme hierzulande ist neben den hohen Energiekosten, dem dramatischen Fachkräfte- und Arbeitskräftemangel auch die explodierende Berichts-, Melde-, Kontroll- und andere Administrativlast. Viele Unternehmer gehen, weil sie lieber dort arbeiten, wo sie sich geschätzt fühlen, statt wie ein Gegner drangsaliert oder wie ein Esel bepackt zu werden. Die Bundesregierung sollte ein Umfeld schaffen, in dem Unternehmen willkommen sind, statt sie bei jeder Gelegenheit stärker an die Kandare zu nehmen."[9] Dabei bleibe ich. Denn diese Umstände sorgen neben dem faktisch bestehenden Kostenproblem zusätzlich für ein echtes Resignationsproblem – toxische Treiber einer Deindustrialisierung. Deindustrialisierung ist aber nach aller Erfahrung schwer rückgängig zu machen. Unternehmen, die einmal die Koffer gepackt haben, kommen selten wieder zurück. Das wäre nicht nur für den Standort Deutschland verheerend, sondern auch mit Blick auf die hier vorangetriebenen Technologien für die klimafreundliche Transformation – und die haben sich Bundeskanzler Scholz und Wirtschaftsminister Habeck ja eigentlich vorgenommen. Ohne Betriebe wird sie aber nicht gelingen.

Meine Vorschläge für eine generationengerechte Zukunft, in der in Deutschland ein starkes, nachhaltiges Wachstum möglich ist, habe ich Ihnen in den vorangegangenen Kapiteln so ausführlich und konkret dargelegt, wie Sie es vielleicht gar nicht erwartet haben – und keine Sorge, ich werde auch weiterhin konkret bleiben.

Jetzt brauchen wir noch Mut. Mut, zu unseren Werten zu stehen. Mut, vernünftige Lösungen einzufordern, und Mut zum Engagement. Und keine Angst – wir sind viele. Die soziale Marktwirtschaft, die die Basis all meiner Vorschläge bildet, ist so beliebt wie schon lange nicht mehr. Und gerade jetzt, in einer Zeit, in der viele Krisen auf uns einprasseln und wir vor großen Herausforderungen stehen, wird sie zeigen, was für eine Schlagkraft sie hat – wenn wir sie nicht ersticken und die Motoren abwürgen.

Die Prinzipien Freiheit, Eigentum, Wettbewerb und Verantwortung sind Werte, für die ich mich als junge Familienunternehmerin Tag für Tag einsetze und für die ich kämpfe. Als Nachfolger in Familienunternehmen stehen wir vor den gleichen Herausforderungen wie alle Bürger. Klimawandel, demografischer Wandel, verkrustete Strukturen und geringe Digitalisierung sind die Probleme, die wir anpacken müssen. Fakt ist: Es gibt viel zu tun, aber noch ist es nicht zu spät. Wir müssen die Herausforderungen, die vor uns liegen, mutig angehen.

Dieses Plädoyer soll aber nicht so zu verstehen sein, dass jeder von Ihnen morgen ein Unternehmen anmelden soll. Worum ich jedoch jeden Einzelnen von Ihnen bitte, ist, sich bei der Gestaltung der eigenen Zukunft einzubringen. Übernehmen Sie Verantwortung für Ihr eigenes Handeln und für die Zukunft. Und machen Sie deutlich, dass Sie dazu bereit sind. Denn mir fehlen ein wenig die Menschen, die offen und ehrlich – und auch mal laut – sagen: „Ich mache den Job, damit ich mir etwas leisten kann! Ich will gut leben, ich will in den Urlaub, ich will gut essen und die Welt sehen." Wissen Sie, wer um die Welt fliegt, um sie sich anzusehen? Zum Beispiel zwei Klimaaktivisten, die in Stuttgart vor Gericht hätten erscheinen sollen, weil sie sich im Herbst 2022 mit anderen Aktivisten auf einer Bundesstraße festgeklebt hatten. Sie sind nach Bali und Thailand geflogen. Nicht, um sich vor dem Prozess zu drücken, sondern um Urlaub zu machen. Weil es ein „langjähriger Traum" einer der beiden war. Und Sie meinen, Sie müssten Ihre Träume aufgeben? Ich glaube das nicht. Ich glaube vielmehr, dass man hart für seine Träume arbeiten sollte. Und dass man das auch darf. Als Bürger, als Arbeitnehmer, als Unternehmer.

Ich werde als junge Unternehmerin für diese Freiheit kämpfen und appelliere an alle: Lasst uns frei bleiben im Denken und im Handeln!

Viele Unternehmer denken so und werden zu Feindbildern. Sie werden in Deutschland im Gegensatz zu anderen Ländern mit Argwohn betrachtet. Warum haben wir ein so negatives Unternehmerbild wie in keinem anderen Land? Wissen Sie, wer im deutschen Sonntagabend-Tatort am häufigsten der Mörder ist? Na? Von wegen Gärtner oder Butler. In mehr als 1.000 „Tatort"-Krimis stellt die Berufsgruppe der Unternehmer und Selbstständigen die meisten Mörder, direkt gefolgt von den Berufskriminellen.[10]

Kommt es daher, dass wir als Unternehmer ideologisch unabhängig sind? Es stimmt, wir können stets unsere Meinung äußern, weil wir schlimmstenfalls ein paar Kunden, aber keine Mehrheiten verlieren. Von einer solchen Stimme kann aber eine freie Gesellschaft doch nur profitieren.

Unternehmer sind Verbündete und keine potenziellen Gegner. Unternehmer haben gerade nach dem Zweiten Weltkrieg eine ganze Gesellschaft geprägt. Sie haben mit den Werten Freiheit, Eigentum, Wettbewerb und Verantwortung, für die auch ich stehe, eine grandiose Wirtschaft aufgebaut, die in den letzten Jahrzehnten viele Krisen überstanden hat und aus ihnen immer gestärkt hervorging. Diese Werte haben eine ganze Gesellschaft geprägt. Es war eine Zeit, in der Unternehmer Vorbilder waren. Eine Zeit, in der das größte Ziel war, selbstständig leben zu können, unabhängig zu sein und nicht tun zu müssen, was andere vorschreiben.

Deutschland soll auch in Zukunft so sein, ein Land der Denker und der Macher und kein Untertanenland. Ich jedenfalls will kein Untertan sein – und ich bin mir ganz sicher, dass die Mehrheit das auch nicht sein will.

Für die Hoffnung und für die Mehrheit

Wir können in Deutschland den Weg in die schleichende Deindustrialisierung weitergehen. Wir können diese Deindustrialisierung sogar beschönigend industriellen Strukturwandel nennen. Aber dann wird sich dieses Land so drastisch wandeln, dass Sie es sich nicht vorstellen möchten. Niemand wird sich in diesem Fall darauf freuen.

Oder wir können versuchen, gemeinsam das Ruder herumzureißen. Durch Anreize, um die Energieeffizienz sicherzustellen, sowie den Abbau regulatorischer Hürden. Durch die Schaffung von Chancengleichheit, die Rückbesinnung auf Eigenverantwortung und die Verantwortung für die nachfolgenden Generationen. Durch die Entfesselung des Potenzials, das in unserem Land und unserer Gesellschaft steckt. Wir sollten uns selbst und diesem Land, das wir lieben, alle Anstrengungen wert sein: Grünes Wachstum und eine generationengerechte Gesellschaft sind möglich. Hier in Deutschland. Grünes

Wachstum ist eine Wachstumsstrategie, die darauf abzielt, wirtschaftliches Wachstum und Wohlstand mit einem reduzierten ökologischen Fußabdruck zu erreichen. Und dieses Wachstum ist zwingend. Nur eine wachsende Wirtschaft kann verteilen. Erst ohne Wachstum wird die Welt so kalt und unsolidarisch, wie viele Aktivisten des linken Lagers sie bereits jetzt schon sehen.

Ich habe meine Vorschläge für die Zukunft dieses Landes so klar, wie ich vermochte, dargelegt. Ich bin aus tiefstem Herzen davon überzeugt, dass sie die Wege aus der Krise sind – und deshalb Wege für die Mehrheit darstellen. Ich glaube fest daran, dass die Mehrheit in diesem Land sich eine gute Zukunft wünscht. Die Mehrheit der Bürger möchte nicht als Zaungast zusehen, wie andere Länder immer weiter vorbeiziehen, weil ideologisch getriebene Politiker moralische Musterschüler sein wollen und deshalb auf nationale Alleingänge und falsche Strategien setzen.

Am Ende ist alles jedoch eine Frage der politischen Entscheidung – und damit eine Frage der Mehrheit. Sie und ich, die wir davon überzeugt sind, dass es bessere Wege aus der Krise gibt, werden viel Überzeugungsarbeit leisten müssen. Wir müssen jenseits von Parteigrenzen so viele Menschen wie möglich mitnehmen. Diejenigen, die in ihrer berechtigten Angst vor den Folgen der Erderwärmung nur noch die radikalen und falschen Lösungen der „Last Generation“ sehen und diejenigen, die in einer Art Selbstschutz den Klimawandel ignorieren. Was genauso falsch ist. Wir müssen denjenigen, die sich damit schwertun, vermitteln, dass Deutschland ohne Zuwanderung seinen Lebensstandard nicht halten kann, aber dass diese Zuwanderung konsequent gesteuert werden muss – und nur das Ergebnis dieser Zuwanderung eine echte Bereicherung ist. Die anderen müssen verstehen, dass eine ungesteuerte Zuwanderung in die Sozialsysteme nach dem Prinzip der offenen Grenzen unsere Gesellschaft zerreißen wird. Wir müssen zeigen, wo unser Wohlstand erarbeitet wird, nämlich in einem System der sozialen Marktwirtschaft – von Unternehmen und Arbeitnehmern gemeinsam.

Wir brauchen einen neuen Realismus, der lösungs- und vernunftbasiert funktioniert. Denn die vernünftigen Lösungen liegen auf dem Tisch.

Aber wir haben in Deutschland ja traditionell kein Erkenntnisproblem. Wir haben ein Umsetzungsproblem. Wir sind langsam, und unsere traditionelle Vorsicht ist zu Ängstlichkeit, in manchen Bereichen vielleicht sogar zu Panik geworden. Unsere Gesellschaft und unsere Lebensbedingungen verändern sich, und Angst ist eine natürliche Reaktion auf Veränderung. Es ist erstaunlich, wie wir als Gesellschaft die gleichen Reaktionen zeigen, die wir auch als Individuum zeigen. Veränderung erzeugt angesichts der Ungewissheit, wohin diese Veränderung führen wird, Angst und Stress. Und wir haben als Menschen nur eine sehr begrenzte Auswahl an Verhaltensmustern zur Verfügung, um diesem Unbehagen zu begegnen. Aufbauend auf den Arbeiten des US-amerikanischen Physiologen Walter Cannon[11] beschrieb der US-amerikanische Therapeut und Autor Pete Walker vier mögliche Reaktionen:[12]

- Fight (Kampf): Bei dieser Reaktion versucht eine Person, sich einer Bedrohung aktiv zu stellen und diese zu bekämpfen.
- Flight (Flucht): Bei dieser Reaktion versucht eine Person, der Bedrohung zu entkommen und wegzulaufen.
- Freeze (Erstarren): Bei dieser Reaktion kann eine Person wie gelähmt oder erstarrt wirken, ohne zu kämpfen oder zu fliehen.
- Fawn (Anbiederung): Bei dieser Reaktion versucht eine Person, sich durch Anpassung oder Unterwürfigkeit der Bedrohung anzupassen und so zu vermeiden, direkt damit umgehen zu müssen.

Hierbei handelt es sich um evolutionäre Verhaltensweisen, die selbst unter größtem Stress noch funktionieren. Sie funktionieren instinktiv, also ohne unser bewusstes Zutun. Tatsächlich ist unser Bewusstsein dann so weit ausgeschaltet, dass wir nicht mehr in der Lage sind, rational zu entscheiden. Gerade in Bezug auf den Klimawandel kommt es mir so vor, als wären wir im Panikmodus und hätten unser rationales Denken ausgeschaltet. Wie sonst könnten wir glauben, dass wir, die wir in Deutschland aktuell für zwei Prozent des jährlichen CO_2-Ausstoßes verantwortlich sind, die Probleme der Welt durch nationale Alleingänge und Selbstkasteiung in Form von Verzicht lösen könnten? Das funktioniert doch nicht, möchte man schreien. Das kann doch nicht funktionieren! Angst ist ein schlechter Ratgeber. Panik erst recht.

In anderen Bereichen sind wir wie erstarrt: Denken Sie nur an die Digitalisierung. Seit wie vielen Jahren beherrscht dieses zum Schlagwort geronnene Handlungsfeld bereits die Diskussion? Welcher Politiker weist nicht bereits seit Jahrzehnten auf ihre immense Bedeutung hin? Nur getan hat sich noch viel zu wenig. Und wie lange wird schon darüber diskutiert, dass Deutschland ein Einwanderungsland ist, und seit wie vielen Jahren ist man sich darüber einig, dass das tatsächlich so ist? Warum handeln wir so selten nach unseren Erkenntnissen? Haben wir Angst, niedergeschrien zu werden in einem Medien- und Meinungsklima, in dem Lautstärke und Aufgeregtheit mit Rechthaben verwechselt werden? Dann müssen wir diese Angst überwinden! Der Zeitgeist hat nicht immer recht. Und er repräsentiert auch nicht immer die Mehrheit. Er bringt die radikalen Rufer und Meinungsführer hervor. Und die Realität erdet sie wieder.

Zwei Klimakleber fliegen nach Bali! Das ist nicht der Beginn eines schlechten Witzes, sondern ein Zeichen, das uns allen Hoffnung machen sollte. Es ist ein Beweis dafür, dass die Realität Sieger bleibt über alle formulierten hypermoralischen Ansprüche. Und dieser Realitätscheck gilt nicht nur für das Klima. Sehr viele Menschen werden in den nächsten Jahren in der Realität ankommen. Sie werden Kinder bekommen, und sie wollen eine gute Ausbildung für diese Kinder. Sie wollen die beste medizinische Versorgung für ihre Kinder. Keine auf dem Stand von 1978. Diese Menschen werden mit ihren Kindern vielleicht in eine

„bessere Wohngegend" ziehen und ihnen die Welt zeigen wollen. Irgendwann wollen sie in den Ruhestand gehen und ihren Kindern nicht zur Last fallen müssen. Kurz: Sie wollen, dass ihre Kinder glücklich sind. Genau wie die Eltern in Indien, von denen Kisin, den ich Ihnen ganz am Anfang vorgestellt habe, gesprochen hat. Genau wie die Eltern in Chile, Brasilien, Südafrika und überall auf der Welt. Diese Kinder werden jedoch nicht glücklich sein in einem Land, in dem die Schulen verrottet und Schwimmbäder aus Geldmangel geschlossen sind. Sie werden nicht glücklich sein in einem Land, in dem sie keine Aussicht darauf haben, ihr Leben selbst zu gestalten oder ihren Lebensunterhalt selbst zu verdienen, und in dem sie keine Wohnung mehr finden. Niemand wird glücklich in einem Land, das als einziges wider besseres Wissen auf Wohlstand verzichtet hat. Selbstverständlich werden sie auch nicht glücklich in einer Welt, die in weiten Teilen unbewohnbar ist. Dafür werden wir uns rechtfertigen müssen. So wie wir jetzt die Generation vor uns fragen, wie sie es so weit kommen lassen konnte.

Zugleich ist diese Herausforderung aus unternehmerischer Sicht auch eine Chance. Denn Klimaschutz, so wie ich ihn skizziert habe, ist ein riesiger Wachstums- und Jobmotor. Nachhaltige Technologien und innovative Produkte schaffen Arbeitsplätze und sichern unsere internationale Wettbewerbsfähigkeit. Deutschland war schon einmal ganz vorn: In den 2000er-Jahren war Deutschland das Mekka der Solarindustrie. 20 Jahre später sind wir in dieser Technologie von China abhängig, das Solarenergie als strategische Industrie besetzt hat. Das Beispiel zeigt, dass unser Land über hohe Innovationskraft verfügt, aber immer gern bereit ist, diese Innovationen anderen zu überlassen. Vielleicht können wir es dieses Mal anders machen.

Fakt ist: Um unseren Kindern und den Kindern auf der ganzen Welt gerecht zu werden, werden wir neue Technologien für ein gutes, klimaneutrales Leben entwickeln müssen. Denn wir können den Menschen aus ärmeren Ländern schwerlich vorwerfen, dass sie auch so leben wollen wie wir. Unser Vorbild ist das einzige Werkzeug, das wir nutzen können, um auf andere Länder klimapolitisch Einfluss zu nehmen. Und es ist kein attraktives Vorbild, zu sagen: Schau mal, wir verzichten ab sofort auch. Du hast doch jetzt sauberes Wasser. Nun sei doch mal zufrieden. Es ist kein attraktives Vorbild, Lösungen anzubieten, die sich an der britischen Kriegswirtschaft orientieren, wie es die Journalistin Ulrike Herrmann sehr erfolgreich tut. Wir müssen stattdessen zeigen, dass grünes Wachstum und Wohlstand möglich sind. Wir müssen zeigen, dass grünes Wachstum und Wohlstand aus Freiheit und Innovation erwachsen. Denn global gesehen sind wir schon längst die Mehrheit. Jetzt müssen wir auch zu Hause zeigen, dass wir die Mehrheit sind.

Ein Plädoyer für die Mehrheit – auf einen Blick

Was wir nicht brauchen:

- Laute, moralisierende Scheinriesen.
- Gesellschaftspolitische Nebenkriegsschauplätze und das Zurückziehen in Meinungsburgen.
- Ideologien, die uns den Blick auf gute Lösungen versperren und in die gegenseitige Abwertung treiben.
- Social-Media-Shitstorms, die nur an der Oberfläche kratzen und der Komplexität der politischen Herausforderungen nicht den nötigen Raum bieten.
- Einen Staat, der sich als Unternehmer versucht.
- Einen Nanny-Staat, der in einer Art Vollkaskomentalität alles übernimmt.

Was wir brauchen:

- Werte und Wurzeln, aus denen wir wachsen können.
- Eine Haltung, die von Selbstverantwortung und dem Glauben daran bestimmt ist, positive Veränderungen bewirken zu können.

- Generationengerechtigkeit und Nachhaltigkeit, die sich in verantwortungsvoller Politik niederschlagen.
- Ein starkes und zukunftsfähiges Deutschland, bestimmt durch Haushaltsstabilität, wirtschaftlichen Klimaschutz und tragfähige soziale Sicherungssysteme.
- Einen verbindlichen Schuldentilgungsplan und sinnvolle Ausgabenbegrenzung.
- Ein generationengerechtes und modernes Rentensystem ohne Scheuklappen und angepasst an die demografischen Herausforderungen.
- Eine neue Ausrichtung unseres Bildungssystems auf frühkindliche Bildung und Offenheit für Studiengebühren. Für Chancen- und Startgerechtigkeit für unsere junge Generation.
- Eine kluge Standortpolitik, die Steuerpolitik als Wachstumsinstrument begreift, die Digitalisierung endlich vorantreibt sowie für Bürokratieabbau und Fachkräftesicherung sorgt.
- Eine leistungsfähige und sichere digitale Infrastruktur und einen verbindlichen Rechtsrahmen für den Einsatz von KI.
- Ein Gründer- und Unternehmer-Mindset, das das Potenzial unserer jungen Generation nutzt.
- Eine auf einem positiven Menschenbild beruhende Selbstverantwortung.

Danksagungen

Mit diesen Zeilen endet für mich ein intensiver und erfahrungsreicher (Schreib-)Prozess, der nur dank der Unterstützung von vielen Menschen möglich war. Ich möchte mich an dieser Stelle bei meinem Bundesvorstand von DIE JUNGEN UNTERNEHMER – Lukas Büdenbender, Stella Pazzi, Christian Huf, Christian Laaff, Constantin Buschmann, Hermann Leithold und Lennart Mann – bedanken. Ohne euch wäre dieses Projekt nicht möglich gewesen. Besonderen Dank möchte ich dir, lieber Lukas, im Namen unseres gesamten Bundesvorstands aussprechen – für deinen unermüdlichen Einsatz, deine Unterstützung, dein Herzblut und Engagement. Du warst es, der dieses Buch mit zum Leben erweckt hat – und ohne den wir dieses Schriftstück jetzt nicht in den Händen halten würden.

Ich bedanke mich beim Bundesvorstand von DIE FAMILIENUNTERNEHMER, bei unserem ehemaligen Präsidenten Reinhold von Eben-Worlée und im Besonderen bei unserer Vizepräsidentin und Schatzmeisterin Doris zur Mühlen. Ein herzlicher Dank geht an unsere Bundesgeschäftsführung von DIE FAMILIENUNTERNEHMER und

DIE JUNGEN UNTERNEHMER, Albrecht von der Hagen und Daniela Röben, für ihre Unterstützung, dieses Buchprojekt umzusetzen.

Zum Dank verpflichtet bin ich allen Mitarbeitern und Mitarbeiterinnen der Geschäftsstelle unseres Verbandes in Berlin, die ihren fachlichen Input gegeben und mich bei allen Fragen der Öffentlichkeitsarbeit so wunderbar unterstützt haben.

Mein besonderer Dank gilt Michael Ehlers. Die Idee zu diesem Buch ist gemeinsam mit dir entstanden. Du hast mich dazu gebracht, ein Buch zu schreiben. Danke für deine Unterstützung, deine Kreativität und das immer ehrliche Feedback. Diese gemeinsame Reise hat mir und uns unglaublich viel Spaß gemacht.

Ein großer Dank an Thomas Meyer, der an so gut wie jedem Satz in diesem Buch beteiligt war. Du hast in dieser kurzen Zeit eine unglaubliche Arbeit geleistet.

Ich bedanke mich bei den PLASSEN Buchverlagen und im Besonderen beim Verlagsdirektor Sebastian Grebe, der an dieses Projekt von Anfang an geglaubt hat. Deinem Team und dir danke für die immer verlässliche und gute Zusammenarbeit.

Vielen Dank an alle Mitglieder, Freunde und Wegbegleiter von DIE JUNGEN UNTERNEHMER. Wir sind und bleiben der beste Verband der Welt.

Ich bedanke mich bei Prof. Dr. Mark Binz, der mich seit vielen Jahren auf meinem Weg begleitet, mich stets dazu antreibt, meine Positionen kritisch zu hinterfragen und Neues zu wagen. Danke für deine Wertschätzung und Unterstützung.

Ein großer Dank geht an Sabine Christiansen, Dr. Patrick Adenauer und Christoph Werner, die dieses Buch mit ihren Statements in meinem Vorwort zu etwas ganz Besonderem gemacht haben. Ich bin sehr dankbar für eure Unterstützung und dafür, euch als Wegbegleiter an meiner Seite zu wissen.

Zum Schluss bedanke ich mich von Herzen bei den wichtigsten Menschen in meinem Leben: meinem Partner, meinen Eltern, meiner

Schwester – und bei meinen Großeltern. Danke für eure Unterstützung in allem, was ich tue. Danke, dass ich immer auf dich und euch zählen kann. Ihr seid mein Herz, mein Ursprung und Vertrauen.

Danke an alle, die ich auf dieser Dankesliste vergessen habe und die in irgendeiner Weise zum Gelingen dieses Buches beigetragen haben.

Ich bin stolz und glücklich, dass ich und wir dieses Projekt mit der Unterstützung so vieler großartiger Menschen umsetzen durften.

Ich hoffe, dass die in diesem Buch zusammengefassten Impulse nicht nur eine hilfreiche und informative Orientierungshilfe für die Leserinnen und Leser sein werden, sondern dass wir gemeinsam möglichst viel davon umsetzen werden.

Auf die Zukunft!

Ihre,
Sarna Röser

Endnoten

Teil 1

1. Steingart, G. (13. März 2023): *Journalist Heribert Prantl über Nichtwähler.* The Pioneer. https://www.thepioneer.de/originals/thepioneer-briefing-economy-edition/podcasts/journalist-heribert-prantl-ueber-nichtwaehler

2. Schulz, S. (6. Februar 2023): *Repräsentative WDR-Umfrage: Die Mehrheit der Deutschen will nicht mehr gendern.* Berliner Zeitung. https://www.berliner-zeitung.de/politik-gesellschaft/wdr-umfrage-die-mehrheit-der-deutschen-will-nicht-mehr-gendern-li.314735

3. Kreienbrink, M. (6. Februar 2023): *So umstritten war lange kein Videospiel mehr.* Der Spiegel, Hamburg. https://www.spiegel.de/netzwelt/games/hogwarts-legacy-und-j-k-rowling-so-umstritten-war-lange-kein-videospiel-mehr-a-4ed4d17e-c103-4c9f-9d12-f3df30e16200

4. Bukel, H. G. (22. April 2015): *Motivation in Familienunternehmen – Die Besonderheiten.* https://www.kmu-berater.de/wp-content/uploads/bukel_Motivation_Familienunternehmen_-_Die_Besonderheiten.pdf.

5. Fakultät für Betriebswirtschaftslehre, Universität Mannheim (1. September 2023): *Analyse vom Institut für Mittelstandsforschung der Universität Mannheim.* https://www.bwl.uni-mannheim.de/news/analyse-vom-institut-fuer-mittelstandsforschung-der-universitaet-mannheim/

6. Bukel, H. G. (22. April 2015): *Motivation in Familienunternehmen – Die Besonderheiten.* https://www.kmu-berater.de/wp-content/uploads/bukel_Motivation_Familienunternehmen_-_Die_Besonderheiten.pdf.

7. Schubert, K. & Klein, M. (42006): *Das Politiklexikon. Begriffe. Fakten. Zusammenhänge.* Dietz.

8. Cherry, K.: *What Is the Halo Effect?* https://www.verywellmind.com/what-is-the-halo-effect-2795906

9. *Die 8 Sekunden Aufmerksamkeitsspanne – Gibt es sie wirklich? – WebCampus – E-Learning Komplettlösung.* (o. D.): https://www.webcampus.de/blog/104/die-8-sekunden-aufmerksamkeitsspanne-gibt-es-sie-wirklich

10. Der Spiegel (7. November 2022): *Musk ruft zur Wahl von Republikanern auf.* https://www.spiegel.de/ausland/elon-musk-ruft-vor-midterms-zur-wahl-von-republikanern-auf-a-afeb0881-aea6-47a7-a366-607d958fe48a#kommentare

11. Pfuderer, M. (6. Februar 2023): [Tweet] https://twitter.com/maikestuttgart/status/1622627970736062464?s=20&t=VNc-fM5Wpde07gFg4-_kBQ

12. mdr.de. (2022, 30. August). *Meinungsbarometer MDRfragt: Deutliche Mehrheit lehnt Gendersprache ab.* https://www.mdr.de/nachrichten/deutschland/gesellschaft/mdrfragt-umfrage-ergebnis-deutliche-ablehnung-von-gendersprache-100.html

Teil 2

1. DIE JUNGEN UNTERNEHMER von DIE FAMILIENUNTERNEHMER e. V. (2022): Aufstiegsoptimismus und soziale Sicherung: Wahrnehmungen und Haltungen der jungen Generation zur Sozialen Marktwirtschaft. https://www.junge-unternehmer.eu/fileadmin/junge-unternehmer/kommunikation/pressemitteilungen/Studie_Junge_Generation_DS_web.pdf

2. Röser, S. (14. September 2022): Habeck soll die richtige Kohle verbrennen, nicht die der Bürger! Die Deutsche Wirtschaft. https://die-deutsche-wirtschaft.de/sarnas-insights/

3. Die Bundesregierung (7. November 2022): Klimaschutzgesetz: Generationenvertrag für das Klima. https://www.bundesregierung.de/breg-de/themen/klimaschutz/klimaschutzgesetz-2021-1913672

4. Schlich, E. (25. Juli 2019): Zur Bedeutung der Privathaushalte für die CO_2-Emission Deutschlands. https://haushalt-wissenschaft.de/wp-content/uploads/2019/07/HUW_08_2019_Schlich_CO2_Haushalte.pdf

5. Oxford Union (12. Januar 2023): Konstantin Kisin: Woke Culture HAS Gone Too Far - 7/8 [Video]. Youtube. https://www.youtube.com/watch?v=zJdqJu-6ZPo

6. Zajonz, M. (13. März 2023): Daten zum Klimawandel im Überblick [Video]. Klimawandel: Die wichtigsten Daten im ZDFheute-KlimaRadar – ZDFheute. https://www.zdf.de/nachrichten/politik/klimawandel-deutschland-welt-folgen-daten-100.html

7. Weimann, J. (Juni 2019): Die Zukunft der Klimapolitik: CO2-Steuer, Emissionshandel oder weiter wie bisher? https://www.familienunternehmer.eu/fileadmin/familienunternehmer/positionen/energiepolitik/dateien/famu_Gutachten_Klimapolitik.pdf

8. Ibd.

9. Ibd.

10. Bundesverband der Deutschen Luftverkehrswirtschaft BDL (1. Dezember 2022): CO_2- und Kerosinsteuer? Klimaschutz im Luftverkehr. https://www.bdl.aero/de/publikation/co2-und-kerosinsteuer-warum-der-klimaschutz-im-luftverkehr-anders-geregelt-wird/

11. Röser, S. (10. Juni 2021): Bundestagswahl 2021: Deutschland ist auf dem grünen Holzweg. DIE WELT. https://www.welt.de/debatte/kommentare/article231720341/Bundestagswahl-2021-Deutschland-ist-auf-dem-gruenen-Holzweg.html

12. Nordhaus, W. D. (8. Dezember 2018): Climate change: The Ultimate Challenge for Economics*: Nobel Prize Lecture. https://www.nobelprize.org/uploads/2018/10/nordhaus-lecture.pdf

13. DIE JUNGEN UNTERNEHMER von DIE FAMILIENUNTERNEHMER e. V. & Dörr, J. (Juni 2021): Deutschland kann mehr – #Restart Jetzt Jung – Mutig – Zukunftsorientiert: Programm zur Bundestagswahl 2021 des Wirtschaftsverbands DIE JUNGEN UNTERNEHMER. https://publikationen.junge-unternehmer.eu/restart/2-3/

14. Bundesministerium der Finanzen (2023): Ergebnis der 164. Sitzung des Arbeitskreises „Steuerschätzungen" vom 09.05. bis 11.05.2023 in Bad Homburg. https://www.bundesfinanzministerium.de/Content/DE/Downloads/Steuern/ergebnis-sitzung-arbeitskreis-164-steuerschaetzung-01.pdf?__blob=publicationFile&v=5

15. Beznoska, M. & Hentze, T. (11. Januar 2023): Bundeshaushalt bricht 2023 Maastricht-Kriterien. Institut der deutschen Wirtschaft (IW). https://www.iw-koeln.de/presse/pressemitteilungen/martin-beznoska-tobias-hentze-bundes-haushalt-bricht-2023-maastricht-kriterien.html

16. Bund der Steuerzahler e. V. (o. D.): Staatsverschuldung. https://steuerzahler.de/aktion-position/staatsverschuldung/staatsverschuldung/?L=0

17. Bund der Steuerzahler e. V. (o. D.): Die große Selbstbewirtschaftung. https://www.steuerzahler.de/aktuelles/detail/die-grosse-selbstbewirtschaftung/

18. Bundesrechnungshof (6. Dezember 2022): Bemerkungen 2022 zur Haushalts- und Wirtschaftsführung des Bundes. https://www.bundesrechnungshof.de/SharedDocs/Downloads/DE/Berichte/2022/bemerkungen/bemerkungen-gesamtband.pdf?__blob=publicationFile&v=1

19. Hoeren, D. (29. Dezember 2022): Pensionen drei Mal so hoch wie Renten: Das kassieren Beamte im Alter. bild.de. https://www.bild.de/geld/wirtschaft/wirtschaft/pensionen-drei-mal-so-hoch-wie-renten-das-kassieren-beamte-im-alter-82371464.bild.html

20. Martin Brückner Medien (5. September 2022): Märkte weltweit. http://www.maerkte-weltweit.de/app.php/news/article?id=2087587&productId=5

21. Bundesministerium der Finanzen (2021): 28. Subventionsbericht des Bundes 2019 – 2022. https://www.bundesfinanzministerium.de/Content/DE/Downloads/Broschueren_Bestellservice/28-subventionsbericht.pdf?__blob=publicationFile&v=6

22. Woratschka, R. (26. Juli 2018): Kritik an gesetzlichen Krankenkassen: Geld für Globuli, aber nicht für Brillen. https://www.tagesspiegel.de/politik/geld-fur-globuli-aber-nicht-fur-brillen-5812723.html#:~:text=Best%C3%A4tigt%20wurde%20auch%2C%20dass%20sich,noch%20gar%20nicht%20gegeben%20habe.

23. Die Bundesregierung (o. D.): Gesetzliche Krankenversicherung stabilisieren. https://www.bundesregierung.de/breg-de/suche/gkv-stabilisierung-finanzen-2065884#:~:text=Einnahmen%20werden%20erh%C3%B6ht%2C%20indem%20unter,von%20einer%20Milliarde%20Euro%20an.

24. CDU-Vize Linnemann fürchtet dramatischen Fachkräftemangel – „Dann kostet das Schnitzel 39 Euro“ (6. Februar 2023): https://www.merkur.de/wirtschaft/fachkraeftemangel-cdu-linnemann-interview-rentner-arbeit-hinzuverdienst-steuern-92067810.html

25. DIE JUNGEN UNTERNEHMER von DIE FAMILIENUNTERNEHMER e. V., Hagist, Prof. Dr. C., Köster, T., Lenk, M., Niemann, V., Nientiedt, D., Rösel, F., Röser, S., Schröder, R., Seuffert, S. & Tremmel, J. (Februar 2020): Fair und generationengerecht : Vorschläge zur Neuaufstellung der Altersvorsorge in Deutschland. https://www.junge-unternehmer.eu/fileadmin/junge-unternehmer/positionen/generationengerechtigkeit/dateien/Konzept_Junge_Rentenkommission_2020.pdf

26. Bundesministerium der Finanzen (2020): Der schwierige Weg zu nachhaltigen Rentenreformen. https://www.bundesfinanzministerium.de/Content/DE/Standardartikel/Ministerium/Geschaeftsbereich/Wissenschaftlicher_Beirat/Gutachten_und_Stellungnahmen/Ausgewaehlte_Texte/2020-05-18-Rentenreform-anl.pdf?__blob=publicationFile

27. Brauchle, K. (o. D.): Dicke Dividenden: Dax-Unternehmen schütten 55 Milliarden Euro aus! extraETF. https://de.extraetf.com/news/etf-news/dicke-dividenden-dax-unternehmen-schuetten-55-milliarden-euro-aus

28. Der Spiegel (2. Februar 2018): „Ach, der Dachdecker". https://www.spiegel.de/wirtschaft/ach-der-dachdecker-a-6d7687c0-0002-0001-0000-000155599053

29. Deutsche Rentenversicherung Bund (o. D.): FAQs zur Digitalen Rentenübersicht. https://www.deutsche-rentenversicherung.de/SharedDocs/FAQ/TRIO_Gesetz/digitale_rentenuebersicht/digitale_rentenuebersicht_faq_liste.html#3e8b28db-6cb3-46a3-9629-6b5d08a0b582

30. Tagesschau.de (7. November 2022): 760 Millionen Euro Gewinn: Bund ist bei Lufthansa raus. https://www.tagesschau.de/wirtschaft/unternehmen/lufthansa-bund-aktien-verkauft-corona-101.html

31. Haucap, J. & Dullien, S. (7. September 2020): Staatsbeteiligung bei Lufthansa und Curevac: Umstrittene Strategie. https://www.wiwo.de/politik/deutschland/pro-und-contra-sollte-sich-der-staat-in-der-krise-an-unternehmen-beteiligen/26100874.html

32. Hildebrandt, C. (o. D.): 12. Sektorgutachten Telekommunikation (2021): Wettbewerb im Umbruch – Monopolkommission. https://www.monopolkommission.de/de/gutachten/sektorgutachten-telekommunikation/375-12-sektorgutachten-telekommunikation-2021.html

33. Statistisches Bundesamt (o. D.): Datenreport 2021. https://www.destatis.de/DE/Service/Statistik-Campus/teaser-datenreport-aktuell.html

34. DIE JUNGEN UNTERNEHMER von DIE FAMILIENUNTERNEHMER e. V. (o. D.): Unternehmer für Familien. S. 2. Abgerufen am 14. März 2023, https://www.familienunternehmer.eu/fileadmin/familienunternehmer/positionen/bildungspolitik/dateien/positionspapier_unternehmer_fuer_familien.pdf

35. Dettmers, S. (2022): Die große Arbeiterlosigkeit: Warum eine schrumpfende Bevölkerung unseren Wohlstand bedroht und was wir dagegen tun können. FinanzBuch Verlag

36. Konegen-Grenier, C. (2013): Sind Studiengebühren ungerecht? Ein Beitrag zur aktuellen Debatte um die Abschaffung der Studiengebühren, IW Policy Paper, No. 5/2013, Institut der deutschen Wirtschaft (IW), Köln

37. Marx, K. Das Kapital. 6. Auflage. Band 1. S. 728.

38. Ifo Institut (o. D.): Die Soziale Marktwirtschaft aus Bevölkerungsperspektive I/III: Wie beliebt ist die Soziale Marktwirtschaft in der Bevölkerung? https://www.ifo.de/publikationen/2022/aufsatz-zeitschrift/die-soziale-marktwirtschaft-aus-bevoelkerungsperspektive

39. Maurer, A. (3. Februar 2023): [Tweet] https://twitter.com/an_maurer/status/1621515891270901760?s=20

40. DIE FAMILIENUNTERNEHMER e. V. (Oktober 2022): Das Wir in Wirtschaft! Abgerufen am 23. März 2023, https://publikationen.familienunternehmer.eu/das-wir-in-wirtschaft/

41. Greive, M. & Hildebrand, J. (26. April 2023): OECD: Bei Steuern und Abgaben ist Deutschland Vizeweltmeister. https://www.handelsblatt.com/politik/deutschland/oecd-bei-steuern-und-abgaben-ist-deutschland-vizeweltmeister/29112548.html

42. Schmidtutz, T. (31. Januar 2023): „Noch nicht verfassungswidrig" – Beim Soli tickt die Uhr. https://www.merkur.de/wirtschaft/solidaritaetszuschlag-wiedervereinigung-solidarpakt-ii-bundesfinanzhof-bfh-urteil-lindner-muenchen-zr-92058569.html

43. Bundesministerium der Finanzen (o. D.): Belastungen durch die kalte Progression vermeiden. https://www.bundesfinanzministerium.de/Content/DE/Standardartikel/Themen/Schlaglichter/Entlastungen/inflationsausgleichsgesetz.html

44. Focus Online (17. Juni 2020): Spitzensteuersatz wird von Millionen Deutschen gezahlt – „Ist eine Schande". https://www.focus.de/finanzen/steuern/frueher-fuer-top-gehaelter-reserviert-ist-eine-schande-millionen-deutsche-zahlen-inzwischen-den-spitzensteuersatz_id_11569795.html

45. Ifo Institut (o. D.): Wie beeinflussen Steuerentlastungen die wirtschaftliche Entwicklung und das Steueraufkommen? Eine quantitative Analyse mit einem CGE-Modell. https://www.ifo.de/publikationen/2021/aufsatz-zeitschrift/wie-beeinflussen-steuerentlastungen-die-wirtschaftliche#:~:text=Langfristig%20sind%20die%20j%C3%A4hrlichen%20Steuerausf%C3%A4lle,Euro%20senken.

46. Hentze, T. & Kolev-Schaefer, G. (10. Juni 2021): Wirtschaftliche Effekte des BDI-Steuermodells der Zukunft. Institut der deutschen Wirtschaft (IW): https://www.iwkoeln.de/studien/tobias-hentze-galina-kolev-wirtschaftliche-effekte-des-bdi-steuermodells-der-zukunft.html

47. Burger, S. (29. Juni 2022): Bei Einführung einer Vermögensteuer iHv 1 % droht Unternehmern eine Erhöhung der Steuerbelastung in Höhe von ca. 10 Prozentpunkten bezogen auf den Gewinn vor Steuern. Munkert & Partner – Steuerberater Wirtschaftsprüfer Rechtsanwälte. https://www.munkert.de/auswirkungen-einer-neuen-vermoegensteuer-ihv-1-prozent/

48. Wikipedia (5. Oktober 2002): Gesetz. https://de.wikipedia.org/wiki/Gesetz

49. Engpassanalyse – Statistik der Bundesagentur für Arbeit. (o. D.): https://statistik.arbeitsagentur.de/DE/Navigation/Statistiken/Interaktive-Statistiken/Fachkraeftebedarf/Engpassanalyse-Nav.html

50. Redaktion ad-hoc-news.de (14. Februar 2023): Gesundheitsexperten warnen vor der zunehmenden Beschäftigung von freiberuflichen Honorarkräften im. Gesundheitswesen. https://www.ad-hoc-news.de/politik/gesundheitsexperten-warnen-vor-der-zunehmenden-beschaeftigung-von/63509630

51. Müller, M. U. (10. Februar 2023): Die Blaulichtnomaden. Der Spiegel, Hamburg. https://www.spiegel.de/wirtschaft/personalnot-im-rettungsdienst-die-blaulicht-nomaden-a-80112d33-05a3-4bfd-9463-6e0e207d93f7

52. Jansen, A. & Werner, D. (26. April 2022): Steigendes Ausbildungsangebot in Berufen mit langjährigem Fachkräftemangel. Institut der deutschen Wirtschaft (IW). https://www.iwkoeln.de/studien/anika-jansen-helen-hickmann-dirk-werner-steigendes-ausbildungsangebot-in-berufen-mit-langjaehrigem-fachkraeftemangel.html

53. Der Tagesspiegel (8. September 2021): Sie sollen „sich nützlich machen": Dänemark will Einwanderer zur Arbeit verpflichten. https://www.tagesspiegel.de/politik/danemark-will-einwanderer-zur-arbeit-verpflichten-4276045.html

54. Dettmers, S. (2022): Die große Arbeiterlosigkeit. S. 138.

55. Anerkennung ausländischer Berufsabschlüsse: weniger Anträge. (2021): https://www.merkur.de/wirtschaft/anerkennung-auslaendischer-berufsabschluesse-weniger-antraege-zr-90938341.html

56. Aldenhoff, K. & Eckardt, A. (2023): München: Kita-Personal dringend gesucht! Oder doch nicht? Süddeutsche.de. https://www.sueddeutsche.de/projekte/artikel/muenchen/muenchen-erzieher-kita-kindergarten-kinderkrippe-e961300/?reduced=true

57. Dettmers, S. (2022): Die große Arbeiterlosigkeit.

58. Rohrmoser, Dr. R. (22. Februar 2023): ChatGPT in Unternehmen – Chancen, Risiken, Regelungsbedarf. anwalt.de. https://www.anwalt.de/rechtstipps/chatgpt-in-unternehmen-chancen-risiken-regelungsbedarf-209207.html

59. DIE JUNGEN UNTERNEHMER von DIE FAMILIENUNTERNEHMER e. V. (o. D.): Datensouveränität: Für eine kohärente Datenpolitik und eine sichere, digitale Infrastruktur. Abgerufen am 14. März 2023. https://www.junge-unternehmer.eu/fileadmin/familienunternehmer/positionen/digitalisierung/dateien/familienunternehmer_positionspapier_datensouver%C3%A4nit%C3%A4t_20200511.pdf

60. FOCUS online (21. August 2022): Klartext : German Digitalisierung – Stillstand garantiert. https://www.focus.de/magazin/archiv/klartext-german-digitalisierung-stillstand-garantiert_id_136882137.html

61. Um Ihnen zu zeigen, wie mächtig KI bereits ist, habe ich eventuell einige Passagen dieses Kapitels per KI generiert. Oder doch nicht?

62. Borgers, M. (20. Juli 2017): Journalismus-Studie – „Die überregionalen Medien haben die Bevölkerung vergessen". Deutschlandfunk. https://www.deutschlandfunk.de/journalismus-studie-die-ueberregionalen-medien-haben-die-100.html

63. Rzepka, D. (16. Februar 2023): Flüchtlingsgipfel endet mit Wutrede. ZDFheute. https://www.zdf.de/nachrichten/politik/ukraine-fluechtlingsgipfel-kommunen-faeser-100.html

64. Studnik, J. (9. Dezember 2022): „Bääm da ist das Ding": So spottet das Netz über die Kreuzberger Toiletten am Kotti „mit Missoir und Pissoir". Berliner Kurier. https://www.berliner-kurier.de/berlin/baeaem-da-ist-das-ding-so-spottet-das-netz-ueber-die-kreuzberger-toiletten-am-kotti-mit-missoir-und-pissoir-li.295676

65. Zastiral, S. (25. Mai 2022): Deglobalisierung: Kippt China die Weltwirtschaft? https://www.wiwo.de/politik/ausland/deglobalisierung-die-chinesische-wirtschaft-ist-sehr-viel-staerker-verschuldet-als-2008/28366750.html

66. Lotter, W. (12. Februar 2023): „Ich, das arme Opfer". *Der Spiegel*, Hamburg. https://www.spiegel.de/kultur/generation-selbstmitleid-ich-das-arme-opfer-kolumne-a-8573ee72-8cd4-4c4d-8617-402bfd3da0de

67. Moini, B. (3. Januar 2023): Gefährdete Freiheit – Die Demokratie ist stärker als ihr Ruf. Deutschlandfunk Kultur. https://www.deutschlandfunkkultur.de/freiheit-demokratie-bijan-moini-100.html

Teil 3

1. Rieger-Fels, M. (2022): *Die volkswirtschaftliche Bedeutung von Familien- und Frauenunternehmen.* https://econpapers.repec.org/paper/zbwifmduf/28.htm

2. IfM Bonn (2020): *Familienunternehmen in Deutschland – Eckdaten und volkswirtschaftliche Bedeutung.* https://www.ifm-bonn.org/fileadmin/data/redaktion/Publikationen/Studien_und_Berichte/2020-06-09_Studie_Familienunternehmen_in_Deutschland_2018.pdf

3. May, P. & Ohle, F. (2014): *Blühende Landschaften: Familienunternehmen und ihre Region.* Gabal.

4. Hipp, S. (29. Mai 2021): *„Wir machen keine Kompromisse".* Schwäbisches Tagblatt. https://www.tagblatt.de/Nachrichten/Wir-machen-keine-Kompromisse-503029.html

5. Dabei werden als Personen mit Migrationshintergrund diejenigen definiert, die selbst oder deren Eltern nach 1955 aus dem Ausland zugewandert sind oder die als Spätaussiedlerinnen und Spätaussiedler gekommen sind.

6. Von Ditfurth, H. (1985): *So laßt uns denn ein Apfelbäumchen pflanzen: Es ist soweit.* Rasch und Röhring.

7. Ullrich, V. (2022): *Deutschland 1923: Das Jahr am Abgrund.* C.H. Beck.

8. Longerich, M. (1. Januar 2023): *Das Jahr 1923 – Die Zerreißprobe der Weimarer Republik.* Deutschlandfunk. Abgerufen am 14. März 2023, von https://www.deutschlandfunk.de/die-zerreissprobe-der-weimarer-republik-100.html

9. Röser, S. (3. März 2023) *Jungunternehmer-Vorsitzende Sarna Röser klagt: „Wirtschaft wird drangsaliert".* FOCUS Online, https://www.focus-magazin.de/exklusivmeldungen/16511/jungunternehmer-vorsitzende-sarna-roeser-klagt-wirtschaft-wird-drangsaliert

10. Handelsblatt (8. Juni 2017): *Studie zur Krimiserie: „Tatort"-Mörder sind meist Unternehmer.* https://amp2.handelsblatt.com/arts_und_style/lifestyle/studie-zur-krimiserie-tatort-moerder-sind-meist-unternehmer-/19908462.html

11. Cannon, W. B. (1915): Bodily changes in pain, hunger, fear, and rage. New York: Appleton-Century-Crofts.

12. Walker, P. (2013): ComplexPTSD : From Surviving to Thriving: A Guide and Map for Recovering from Childhood Trauma. Createspace Independent Publishing Platform.